Reclam Literaturunterricht

Sachanalysen. Stundenverläufe. Arbeitsblätter

Gedichte um 1900

Naturalismus – Fin de Siècle – Frühexpressionismus

Von Vanessa Greiff

Reclam

Abkürzungen und Symbole

EA Einzelarbeit
PA Partnerarbeit
GA Gruppenarbeit
UG Unterrichtsgespräch
LV Lehrervortrag
SV Schülervortrag
LSG (Entwickelndes) Lehrer-Schüler-Gespräch

* Kennzeichnung eines zusätzlichen Arbeitsauftrags, Arbeitsblatts bzw. Unterrichtsschritts (für Binnendifferenzierung)
HA Hausaufgabe

Verweis auf die zugehörige Gedichtanthologie:
50 Gedichte um 1900. Naturalismus – Fin de Siècle – Frühexpressionismus. Hrsg. von Gabriele Sander. Stuttgart: Reclam, 2023. (Reclams Universal-Bibliothek. 14365.)

Code für editierbare Arbeitsblätter und Vorlagen

Die für den Unterricht benötigten *Arbeitsblätter* und *Vorlagen* (Bilder und Texte) sind digital auf der Webseite **www.reclam.de/lehrer_gedichte1900** zum Download verfügbar. Bitte geben Sie folgenden Code ein:

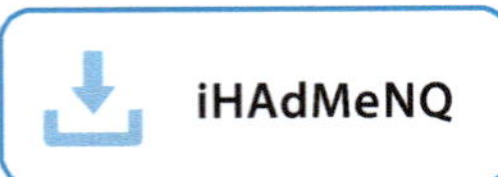

Abbildungen des Deutschen Literaturarchivs Marbach können aus rechtlichen Gründen nicht digital zur Verfügung gestellt werden.

Reihenkonzept: Max Kämper

Reclam Literaturunterricht | Nr. 15826
2023 Philipp Reclam jun. Verlag GmbH,
Siemensstraße 32, 71254 Ditzingen
Druck und Bindung: Elanders GmbH,
Anton-Schmidt-Straße 15, 71332 Waiblingen
Printed in Germany 2023
RECLAM ist eine eingetragene Marke
der Philipp Reclam jun. GmbH & Co. KG, Stuttgart
ISBN 978-3-15-015826-5
www.reclam.de

Inhalt

Vorbemerkung

Die Lyrik um 1900 ist wie ein Kaleidoskop: fast nahtlos wechseln literarische Strömungen, überschneiden sich und gehen nahezu unbemerkt ineinander über: Eine trennscharfe chronologische Darstellung der Strömungen und Gegenströmungen ist kaum möglich.

Seismographisch zeichnen die Dichterinnen und Dichter um 1900 die Gesellschafts- und Lebensverhältnisse ihrer Zeit auf, die mehr als zuvor von Ambivalenzen, einem schnellen Wertewandel, Ängsten und Krisen bis hin zur Eskalation im Ersten Weltkrieg geprägt ist. Sie nehmen dazu Details genau in den Blick, projizieren wissenschaftliche Methoden auf die Künste, schaffen ein neues Bewusstsein ästhetischer Bildung. Mit poetischer Raffinesse und neuartigem Ausschöpfen des Potenzials der Dichtersprache führen sie die Sinnkrise und Brüchigkeit des Individuums vor Augen: Der Bezug zwischen Sprache und Wirklichkeit, die Abbildung und Abbildbarkeit der Wirklichkeit durch die Sprache bzw. mit der Sprache beschäftigt die Dichtung um 1900 in besonderer Weise.

Die Lyrik um 1900 wird in den vorliegenden 13 Modulen der Unterrichtseinheit aus verschiedenen Blickwinkeln fokussiert. Zur besseren Übersichtlichkeit und Verständlichkeit sind die Gedichte tendenziell chronologisch angeordnet und sollen so die aufbauenden Entwicklungen und Gegenantworten zeigen.

Methodisch liegt ein Hauptaugenmerk auf unterschiedlichen Formen des Sprechens, dem unerlässlichen Bindeglied zwischen Lesen und Schreiben: dem Sprechen *der* lyrischen Texte (im Gedichtvortrag) und dem Sprechen *über die* lyrischen Texte (im Literarischen Gespräch). Es leitet den Verstehensprozess ein, bringt diesen voran und überführt diesen schließlich in den Interpretationsprozess.

Benutzungshinweise

Der Band enthält 13 Module, die ohne weitere Voraussetzungen und in frei wählbarer Reihenfolge direkt im Unterricht eingesetzt werden können. Modul 1 eignet sich als Einführung in die Unterrichtsreihe, Modul 13 als Abschluss.

Jedes Modul besteht aus zwei Teilen:
- **Sachanalyse** mit einem praxisorientierten, auf den Unterrichtsverlauf bezogenen Interpretationsangebot
- **Unterrichtsverlauf** mit (a) kurzem Überblick über Thema und Ziel, (b) den Unterrichtsschritten in tabellarischer Übersicht und (c) ausführlichen Erläuterungen zu den einzelnen Unterrichtsschritten

Jedes Modul bietet alle für den Unterricht benötigten Materialien:
- kopierfähige **Arbeitsblätter** (ggf. mit Lösungshinweisen im Anhang)
- **Vorlagen** (Bilder oder Texte)
- **Tafelbilder** (Vorschläge für die mediale Präsentation)

Die Module enthalten an allen geeigneten Stellen Hinweise für
- einen möglichen **verkürzten Verlauf** (als fakultativ gekennzeichnete Unterrichtsschritte)
- eine mögliche **Binnendifferenzierung** (die entsprechenden Arbeitsaufträge auf erhöhtem Niveau sind mit einem Asterisk * gekennzeichnet)

Textgrundlage ist die Ausgabe:

50 Gedichte um 1900. Naturalismus – Fin de Siècle – Frühexpressionismus. Hrsg. von Gabriele Sander. Stuttgart: Reclam, 2023. (Reclams Universal-Bibliothek. 14365.)

Hinweis: Die Reihe *Reclam Literaturunterricht* achtet auf gendergerechte Sprache. Aus Gründen der Lesbarkeit wird in seltenen Fällen davon abgewichen, immer sind aber alle Geschlechter gemeint.

1 Fin de Siècle: Die Entdeckung eines Lebensgefühls nachvollziehen

Zu: Wilhelm Weigand, *Fin de siècle*, 1893 [Strophe 1] (➤ *50 Gedichte um 1900*, S. 11 f., ➤ ARBEITSBLATT 1, S. 10 f.)

Sachanalyse

Das Phänomen entstand in Frankreich. »Fin de Siècle« war zum Ende des 19. Jahrhunderts ein Modewort, das in allen Weltsprachen präsent war. Die Kunst und Literatur der Jahrhundertwende enthält Züge des zu Ende gehenden und gesamten 19. Jahrhunderts und weist zugleich in das 20. Jahrhundert hinein. Zeitgenossen empfanden diese besondere Mischung als Fin-de-Siècle-Stimmung und beschrieben sie oft als Zwiegesichtigkeit.

Ganz deutlich wird sie in der Darstellung des Januskopfs auf der Titelseite der Zeitschrift *Jugend* vom Januar 1900. Der starr in die Zukunft gerichtete Blick strahlt Stärke und Gewissheit aus, der vom Betrachter abgewandte Blick in die Vergangenheit deutet deren Abgeschlossenheit, aber auch Wehmut an.

Mit dem in die Zukunft gerichteten Gesicht blickt – an die Statue gelehnt – ein junger Mann mit freiem Oberkörper. Trotz des athletischen Körperbaus, der an griechisch-römische Darstellungen erinnert, fehlt es an Vitalität. Die mangelnde Körperspannung lässt an einen Erschöpfungszustand denken. Der Blick richtet sich parallel zur dominierenden Statue in die Zukunft. Er wirkt nachdenklich, verliert sich in der Ferne. Die fallenden Mundwinkel lassen eine Verunsicherung vermuten. Willensstärke und Aktionismus werden gebrochen; ein In-sich-gekehrt-Sein und eine Zukunftsskepsis kommen zum Ausdruck. Der Körperhaltung – an die Statue lehnend mit ausgelegtem Arm – fehlt es an Spannung und Energie, von der der Betrachter zunächst aufgrund des Körperbaus und des jungen Alters ausgeht. Interessant ist die Perspektive des Betrachters: von unten nach oben wird der Blick gelenkt, so dass die Januskopfstatue monumentaler wirkt und klar die Szene dominiert. Der Betrachter wie das Individuum, dargestellt durch den jungen Mann, werden von der Zeit überstrahlt.

Insbesondere die erste Strophe (von insgesamt neun) des Gedichts *Fin de siècle* von Wilhelm Weigand (1862–1949; entstanden 1893) gibt die Janusköpfigkeit des Fin de Siècle hochkonzentriert, auf kleinstem Raum, sprachlich wieder. Vier Verse zu jeweils zwei Paarreimen lassen keine äußere Ablenkung zu, und der Blick des Lesers fokussiert sich auf den Inhalt. Formal wird das Gedicht durch Gegensatzpaare im ersten und letzten Vers gerahmt: Den beiden kontrastiv verwendeten Begriffen in V. 1 sind assoziativ Lebensgefühle der Zeit eingeschrieben. Das erste Wort »Narrentand« lässt an Tollheit, Überdrehtheit, Irrationalität und Maskeraden denken, während die durch ein »und« verbundenen »Trauerlieder« für Ernsthaftigkeit und Getragenheit stehen sollten. Die Gleichzeitigkeit dieser höchst unterschiedlichen Stimmungslagen, die sich durch das »und« auf einer Ebene begegnen, zeigen in dichtester Form die Kontraste und deren Komplexität.

In V. 2 tritt personifiziert das zurückliegende Jahrhundert auf, das sich – wie zum Schlaf – niederlegt. Es ist nicht von dem Ende die Rede, in der beschönigenden Darstellung klingt Wehmut an die vergangenen Jahrzehnte an.

Das zweite Verspaar beginnt mit »Lüstesatt«, was sich grammatikalisch attributiv auf das Subjekt des vorigen Verses, das vergangene »Jahrhundert«, bezieht und es näher bestimmt: Es wird in Fortsetzung der Personifizierung als alte Person beschrieben, die alle Wege des Wollens und Fühlens ausgekostet hat. »Lüstesatt« variiert die alttestamentliche Bezeichnung »lebenssatt« für Menschen, die nach einem erfüllten Leben zum Sterben bereit sind (vgl. z. B. 1. Mose 25,8 zu Abraham). Die Variation bringt eine negative Konnotation ins Spiel, insofern der Plural »Lüste« auf damals verpönte und tabuisierte sexuelle Begierden verweist. Assoziativ wird der Beginn des Gedichts also nochmals aufgegriffen, nun mit moralischem Urteil und pessimistischer Stimmung. Nachgesetzt wird in der zweiten Hälfte V. 3 das Oxymoron »zum lauten Sterben«, ist Sterben doch eigentlich ein Verstummen. Man darf hier vielleicht auch an intensivierte Lärmerfahrungen angesichts der dynamischen Industrialisierung seit den 1870er Jahren denken. Es entsteht ein groteskes Bild, das an Reizmitteln nicht spart. Das verwendete Präsens »legt« in V. 2 hat einen futurischen Charakter, der die (Vor-)Ahnung einer Umwälzung, die nicht geräuschlos einsetzen und vonstattengehen wird, andeutet.

V. 4 zeigt wieder die Zwiegesichtigkeit. Das Gegensatzpaar »lachen« und »weinen« wird ganz parallel zu V. 1 (erst die positive, dann die negative Gefühlslage) verwendet. Ein signifikanter Unterschied besteht in der Interpunktion: Das Ausrufezeichen in V. 1 betont die abschließende Beurteilung des ausgehenden Jahrhunderts. In der Formulierung der Frage V. 4 bleibt die Befindlichkeit der »Erben« des Jahrhunderts, also der Jugend, offen. Anders als die formale Geschlossenheit transportiert das Wort »Erben« die offene Frage in die Zukunft. Diese Verunsicherung prägt neben den charakteristischen Gegensatzpaaren das Lebensgefühl des Fin de Siècle und spiegelt ebenso dessen Janusköpfigkeit wider.

Marie Herzfeld bezieht sich in ihrem Essay »Fin-de-siècle« auf den norwegischen Autor Arne Garborg, stellt jedoch allgemein fest, dass in Kunst und Literatur »das Gefühl des Fertigseins, des Zu-Ende-Gehens – Fin-de-siècle-Stimmung« zum Ausdruck kommt. Kaleidoskopartig führt sie Ereignisse des 19. Jahrhunderts auf und stellt dar, wie es zur charakteristischen Gemütslage kam. Daraus leitet sie ein düsteres Bild der gesellschaftlichen Entwicklung ab. Die Kontrastphänomene der Zeit werden – wie in der Darstellung der Titelseite der Zeitschrift *Jugend*, dem Gedicht *Fin de siècle* von Wilhelm Weigand – genannt und ausgeführt:

Morbidität / Tod / Krankheit / Verfall	Vitalität / Jugendbewegungen / Aufbruchstimmung / »Jugendstil«
Tatendrang / Aktionismus	Innere Einkehr / Einsamkeit / Weltflucht
Fortschrittsglaube	Zukunftspessimismus
Sachlich, naturwissenschaftlich basierte Weltanschauung / Technikbegeisterung	Übersinnlichkeit / Transzendenz / Mystifizierung
Rationalismus / Berechenbarkeit	Triefhaftigkeit / Unberechenbarkeit

Mit diesen Gegensatzpaaren lässt sich das Janusköpfige, das alle vorliegenden Unterrichtsmaterialien zum Thema haben, darstellen. Einzelne Stichworte der Gegensatzpaare ließen sich auch problemlos austauschen. In jedem Fall kennzeichnen sie die Ambivalenz und charakteristische Komplexität der gegensätzlichen Phänomene in dieser Zeit.

Im weiteren Verlauf der Einheit können weitere Paare ergänzt werden:

Großstadtbegeisterung	Flucht aus der Großstadt / Sehnsucht nach ländlicher Idylle
(Künstliche) Paradiese	Reale Lebenswelten, Morbidität/Verfall
Naturalismus	Expressionismus, Symbolismus

Unterrichtsverlauf

Überblick. Die Schülerinnen und Schüler entdecken anhand verschiedener Materialien – bildliche Darstellung, Gedicht, Textauszug – die großen Züge des Lebensgefühls der Jahrhundertwende um 1900. Sie erkennen zentrale Elemente des Fin de Siècle und können die Phänomene in Bezug zueinander setzen. Dabei nehmen sie die charakteristische Zwiespältigkeit als Grundelement dieser Zeit wahr und lernen damit umzugehen. ! **Verkürzter Verlauf: 1.1 – 1.2 – 1.3 – 1.4 – 1.5 – 1.6**

Phase	Thema	Sozialform	Kompetenzen/Lernziele	Materialien
1.1	Einstieg: Bildbetrachtung (Zeitschrift *Jugend*, 1900)	UG	• Bildbeschreibung mit Deutung zentraler Elemente unter Bezugnahme auf das Fin de Siècle üben	VORLAGE 1 ➤ S. 8 TAFELBILD 1 ➤ S. 8
1.2	Erarbeitung 1: Gesamtbetrachtung des Gedicht *Fin de siècle* (Weigand)	EA / PA	• Assoziationen festhalten • Stimmungen beschreiben	ARBEITSBLATT 1 ➤ S. 10 f.
1.3	Erarbeitung 2: Detaillierte Analyse des Gedichts *Fin de siècle* (Weigand)	UG (EA / PA)	• Bedeutungen, Bedeutungsspielräume und -verschiebungen erkennen • Formmerkmale, sprachliche Besonderheiten und Stilmittel mit dem Inhalt in Bezug setzen • Ein Lautdenkprotokoll verfassen	ARBEITSBLATT 1 ➤ S. 10 f.
1.4	Sicherung 1: Ergebnisse der Bildbetrachtung sowie der Gedichtanalyse und Deutung zusammentragen	EA / UG	• Schriftliche Formulierung der erarbeiteten Kontrastpaare	ARBEITSBLATT 1 ➤ S. 10 f. TAFELBILD 1 ➤ S. 8
1.5	Erarbeitung 3: Gedankengang und Inhalt des Essayauszugs *Fin-de-siècle* (Herzfeld) analysieren	EA	• Analysieren des gedanklichen Aufbaus des Textes • Inhalt in eigenen Worten darstellen • Die Kontrastphänomene erkennen	ARBEITSBLATT 1 ➤ S. 10 f.
1.6	Sicherung 2: Erweiterung der Gegensatzpaare	EA / UG	• Die Kontrastphänomene erkennen und die charakteristische Gemütslage beschreiben	ARBEITSBLATT 1 ➤ S. 10 f. TAFELBILD 1 ➤ S. 8
1.7 **fakultativ**	Vertiefung: Unterrichtsbegleitende Aufgabe	EA oder PA		*50 Gedichte um 1900*

1.1 Einstieg: Bildbetrachtung (Zeitschrift *Jugend*, 1900)

Unterrichtsschritt. Die Schülerinnen und Schüler betrachten die VORLAGE 1 ***Titelseite der Zeitschrift »Jugend« vom 1. Januar 1900*** als Impuls und werden aufgefordert, die Seite zu beschreiben. Die Schülerinnen und Schüler erkennen die Janusköpfigkeit. Erste Deutungen werden von der Lehrkraft notiert und dienen später als Grundlage für die Gegenüberstellung der Kontrastphänomene. Als Überschrift wird »Die Janusköpfigkeit des Fin de Siècle« vorgeschlagen und im TAFELBILD 1 festgehalten, das im weiteren Stundenverlauf vervollständigt wird. Der Begriff »Fin de Siècle« wird in dem Zusammenhang eingeführt und kurz erläutert.

UG
VORLAGE 1 ➤ S. 8
TAFELBILD 1 ➤ S. 8

VORLAGE 1

Titelseite der Zeitschrift *Jugend* vom 1. Januar 1900

Titelseite *Jugend. Münchner illustrierte Wochenschrift für Kunst und Leben* 1 (1900). – Bild: bpk / Dietmar Katz

TAFELBILD 1

Janusköpfigkeit des Fin de Siècle (Jahrhundertwende)

• Fortschrittsglaube	• Zukunftspessimismus
• Tatendrang / Aktionismus	• Innere Einkehr / Einsamkeit / Weltflucht
• Rationalismus / Berechenbarkeit	• Triefhaftigkeit / Unberechenbarkeit
• Morbidität / Tod / Krankheit / Verfall	• Vitalität / Jugendbewegungen / Aufbruchstimmung / »Jugendstil«
• Sachlich, naturwissenschaftlich basierte Weltanschauung / Technikbegeisterung	• Übersinnlichkeit / Transzendenz / Mystifizierung

1.2 Erarbeitung 1: Gesamtbetrachtung des Gedichts *Fin de siècle* (Weigand)

EA / PA

ARBEITSBLATT 1
➤ S. 10 f.

Unterrichtsschritt. Die Schülerinnen und Schüler erhalten das Gedicht *Fin de siècle* (Strophe 1) von Wilhelm Weigand (ARBEITSBLATT 1 ***Fin de Siècle***, M 2 oder Ausgabe 50 *Gedichte um 1900*, S. 11) und werden aufgefordert, dies still zu lesen und ihre Assoziationen in Stichworten festzuhalten. Anschließend tauschen sie sich mit ihrem Lernpartner über die im Gedicht dargestellten Stimmungen aus und halten die Ergebnisse schriftlich fest (Arbeitsauftrag 1).

1.3 Erarbeitung 2: Detaillierte Analyse des Gedichts *Fin de siècle* (Weigand)

Unterrichtsschritt. Um den detaillierten Blick zu schulen, werden im Plenum die Ergebnisse der ersten Erarbeitungsphase festgehalten und es wird geklärt, wie es zu den Assoziationen kam. Dazu werden Wortbedeutungsebenen, syntaktische Verknüpfungen, stilistische Mittel, grammatikalische Besonderheiten eingehend untersucht (ARBEITSBLATT 1, Arbeitsauftrag 2). Bei leistungsstarken Lerngruppen kann der Unterrichtsschritt auch in Partnerarbeit mit anschließendem Ergebnisaustausch im Plenum erfolgen.

UG (EA / PA)

ARBEITSBLATT 1 ➤ S. 10 f.

Lösungshinweise ➤ S. 108

Alternative. Ein Lautdenkprotokoll in Partner- oder Einzelarbeit erstellen. In der Einzelarbeit wird ein Diktiergerät benötigt. In der Partnerarbeit übernimmt die Aufzeichnungsfunktion der Lernpartner bzw. die Lernpartnerin. Bei dem vorliegenden Vierzeiler bietet sich ein wechselseitiges Denken und Notieren an: Während Person 1 den ersten Vers vorträgt und seine Gedanken dazu laut äußert und erläutert, notiert Person 2 diese. Für den zweiten Vers werden die Rollen getauscht. Gleiches gilt für die folgenden Verse. Abschließend wird die Fragestellung anhand des entstandenen Lautdenkprotokolls bearbeitet.

1.4 Sicherung 1: Ergebnisse der Bildbetrachtung sowie der Gedichtanalyse und Deutung zusammentragen

Unterrichtsschritt. Ausgehend von den Materialien M 1 und M 2 werden die Kontrastpaare erweitert (ARBEITSBLATT 1, Arbeitsauftrag 3). Die Komplexität, die durch die detaillierte Analyse deutlich wurde, zeigt sich für die Schülerinnen und Schüler in der z. T. feinen Nuancierung bei der Austauschbarkeit einzelner Begriffe. Die Ergebnisse werden im TAFELBILD 1 ergänzt.

EA / UG

ARBEITSBLATT 1 ➤ S. 10 f.

TAFELBILD 1 ➤ S. 8

1.5 Erarbeitung 3: Gedankengang und Inhalt des Essayauszugs *Fin-de-siècle* (Herzfeld) analysieren

Unterrichtsschritt. Die Schülerinnen und Schüler lesen den Auszug aus Marie Herzfelds Essay *Fin-de-siècle* (ARBEITSBLATT 1, M 3). Gegebenenfalls müssen Begriffserläuterungen vorgenommen werden. Unterschiedliche Wissensstände der Schüler beispielsweise aus dem Geschichtsunterricht können im Plenum ausgeglichen werden. In Einzelarbeit analysieren die Schülerinnen und Schüler den gedanklichen Aufbau des Textes und stellen im Folgenden den Inhalt in eigenen Worten dar. Die Arbeitsaufträge 4–6 sollen dabei unterstützen.

EA

ARBEITSBLATT 1 ➤ S. 10 f.

1.6 Sicherung 2: Erweiterung der Gegensatzpaare

Unterrichtsschritt. Abschließend können die Kontrastpaare in Einzelarbeit weiter ergänzt werden (ARBEITSBLATT 1, Arbeitsauftrag 7). Beim Abgleich der Kontrastpaare im Plenum (Ergänzung in TAFELBILD 1) stellen die Schülerinnen und Schüler fest, dass die Vielschichtigkeit der Stimmungen und Gefühlslagen ein einfaches Zusammenfassen der Merkmale kaum möglich macht und die Positionierungen sehr unterschiedlich und ambivalent ausfallen können. Danach sollten sich die Leseerwartungen an die Texte aus der Zeit der Jahrhundertwende richten.

EA / UG

ARBEITSBLATT 1 ➤ S. 10 f.

TAFELBILD 1 ➤ S. 8

1.7 Vertiefung: Unterrichtsbegleitende Aufgabe (fakultativ)

Unterrichtsschritt. Die Lerngruppe erweitert im weiteren Verlauf der Unterrichtseinheit und bei der Lektüre weiterer Texte aus der Ausgabe 50 *Gedichte um 1900* (und darüber hinaus) die Liste mit den Gegensatzpaaren, um charakteristische Merkmale und Themen der Zeit festzuhalten. Diese Aufgabe kann auch als Hausaufgabe gestellt werden.

EA oder PA

Fin de Siècle

M 1

Titelseite der Zeitschrift *Jugend* vom 1. Januar 1900. Januskopf: Zwiegesicht, das in entgegengesetzte Richtungen schaut.

Bild: bpk / Dietmar Katz

M 2

WILHELM WEIGAND

Fin de siècle [Strophe 1]

Narrentand und Trauerlieder!
Das Jahrhundert legt sich nieder,
Lüstesatt, zum lauten Sterben.
Lachen –? weinen seine Erben? –

In: 50 Gedichte um 1900. Naturalismus – Fin de Siècle – Frühexpressionismus. Hrsg. von Gabriele Sander. Stuttgart: Reclam, 2023. S. 11

M 3

MARIE HERZFELD

Fin-de-siècle

»[…] Alle dichterischen Erzeugnisse der letzten Jahre, insofern sie für die Gemütslage unserer Zeit charakteristisch sind, erscheinen angefüllt vom Pessimismus ›müder‹ Seelen. Und in der Tat, dies Jahrhundert der Revolution, das den Sturz des Absolutismus, den Sieg des Bürgertums und das

Heranwachsen der Sozialdemokratie erlebte; dies Jahrhundert der Kritik und Wissenschaft, das unsere Ideen von Gott und Welt über den Haufen warf und uns gebot, von unten anzufangen; dies Jahrhundert der Erfindungen, welches das Tempo unseres Lebens verzehnfachte und unsere Körperkraft wohl kaum verdoppelte; dies Jahrhundert, das die Gewohnheit hat, uns die schmerzliche Überraschung des Besseren an den Kopf zu schleudern, ehe wir die Wohltat des Guten zu genießen vermochten; – es hat uns wirklich oft ein bisschen müde gemacht. Wir sind umgeben von einer Welt absterbender Ideale, die wir von den Vätern ererbt haben und mit unserem besten Lieben geliebt, und es fehlt uns nun die Kraft des Aufschwungs, welcher neue, wertvolle Lebenslockungen schafft. Denn dies ewige Fieber des Geistes hat eine Verarmung des Blutes oder sonstige Ohnmacht im Organismus erzeugt, die es nicht verstattet, dass die potenzielle Energie des überfütterten Hirns in machtvoller Schöpfung sich entladen könne. Die Kräfte unserer Seele wirken daher nicht gemeinsam Einem Richtungspunkte zu; sie gehorchen nicht einem zentralen Impulse, sondern kehren sich widereinander; sie lähmen und zerstören sich gegenseitig in fressender Skepsis; sie machen uns unfähig zu geduldigem Wollen, zu starkem Fühlen, zu freudigem Dasein und zu mutigem Tod.

Und in diesem müden Gehirn, das sich selbst nicht mehr regieren kann, wachsen Abnormitäten empor; die Persönlichkeit verdoppelt, vervielfacht sich; aus dem Brutherd des Unbewussten brechen Handlungsreize, die wir nicht deuten können und als toll bezeichnen, zwingende Gelüste, unbegreifliche Sympathien und Abneigungen; die überanstrengten Nerven reagieren nur auf die ungewöhnlichen Reize und versagen den normalen jeden Dienst; – sie erzeugen aufgeregte, überlebendige Paradoxie einerseits, apathische Mutlosigkeit und Weltverzweiflung andererseits: das Gefühl des *Fertigseins*, des Zu-Ende-Gehens – Fin-de-siècle-Stimmung.«

In: Die Wiener Moderne. Literatur, Kunst und Musik zwischen 1890 und 1910.
Hrsg. von Gotthart Wunberg. Stuttgart: Reclam, 1981. S. 260 f.

Arbeitsaufträge:

1. Lesen Sie das Gedicht *Fin de siècle* von Wilhelm Weigand von 1893 (M 2). Tauschen Sie sich mit Ihrem Lernpartner oder Ihrer Lernpartnerin über die Stimmungen, die das Gedicht transportiert, aus.
2. Notieren Sie zentrale Aussagen und belegen Sie diese am Text (Einzelwörter mit Bedeutungsspielraum, Stilmittel, Satzzeichen).
3. Stellen Sie ausgehend von der Titelseite der Zeitschrift *Jugend* (M 1) sowie dem Gedicht *Fin de siècle* (M 2) eine Liste mit Gegensatzpaaren zusammen.
4. Lesen Sie den Auszug des Essays *Fin-de-siècle* von Marie Herzfeld (M 3).
5. Analysieren Sie den gedanklichen Aufbau des Auszugs.
6. Formulieren Sie in eigenen Worten, was unter dem Gefühl des »Fertigseins« zu verstehen ist.
   - Worin liegen die Ursachen für das Gefühl des »Fertigseins«?
   - In welcher Situation befindet sich die Jugend (ausgedrückt durch das »wir« im Text)?
   - Welche sozialen und gesellschaftlichen Folgen beobachtet Marie Herzfeld?
7. Finden Sie zu M1, M2 und M3 Gegensatzpaare, die die charakteristischen Phänomene der Zeit erfassen. Vergleichen Sie die Gegensatzpaare im Unterrichtsgespräch. Was fällt Ihnen auf?

*8. Wählen Sie aus der Ausgabe *50 Gedichte um 1900* mindestens ein weiteres Gedicht aus dem Kapitel »An der Schwelle zum neuen Jahrhundert« aus. Welches Lebensgefühl spricht aus dem Gedicht? Welches Stimmungsbild wird gezeichnet?

*9. Erweitern Sie im weiteren Verlauf der Unterrichtseinheit und bei der Lektüre weiterer Texte Ihre Liste mit den Gegensatzpaaren, um charakteristische Merkmale und Themen der Zeit festzuhalten.

2 Bildliche Gestaltungsprinzipien des Jugendstils in der Lyrik entdecken

Zu: Hugo von Hofmannsthal, *Terzinen über Vergänglichkeit III*, 1894 (➤ ARBEITSBLATT 2b, S. 18)

Sachanalyse

Der Jugendstil ist eine der wichtigsten künstlerischen Strömungen um die Jahrhundertwende. Woher stammt die Bezeichnung? Von wem und wie wurde diese Stilrichtung umgesetzt? Die Zeitschrift *Jugend* gilt als die Wiege des Jugendstils. Nach ihr wurde die Kunstrichtung benannt. Junge Künstlerinnen und Künstler der bildenden Künste, Architekten, aber auch Schriftstellerinnen und Schriftsteller richteten sich in ihren Beiträgen gegen die konservative Kulturpolitik und Kunstausstellungen Kaiser Wilhelms II. und sorgten für Diskussionen. Für die jungen Künstlerinnen und Künstler wurde die Kunst zum Experimentierfeld neuer künstlerischer Positionen. Die neue Kunstrichtung, geprägt von floraler Ornamentik, verschlungenen Girlanden, Fabelwesen, wird zur Mode.

Als ein Höhepunkt des Jugendstils gilt der Beethovenfries in Wien: Er gilt als ein Hauptwerk Gustav Klimts (1862–1918) und wurde 1902 anlässlich der Wiener Beethovenausstellung geschaffen. An dieser Ausstellung waren 21 Künstler – darunter Maler, Architekten, Bildhauer – der Wiener Secession beteiligt. So konnten verschiedene Kunstwerke in eigens dafür gestalteten Räumen in besonderer Weise zusammenwirken.

Die vorliegende Unterrichtsstunde geht von der Darstellung der rechten Seitenwand und Schlussszene des Beethovenfrieses aus: Weibliche Figuren (links auf dem Ausschnitt der VORLAGE 2) »leiten […] als Sinnbilder der Künste in die ideale Sphäre der Kunst«[1]. Rechts ein eng umschlungenes sich küssendes Paar, umgeben vom Chor der Paradiesengel. Zitiert werden hier Verse aus Schillers Ode *An die Freude*, die von Beethoven in der 9. Symphonie vertont wurden: »Freude, schöner Götterfunken« und »Diesen Kuss der ganzen Welt«. Das Himmlische und Transzendente wird durch die Farbgebung unterstrichen: Das Gold – schon in der byzantinischen Kunst als Hintergrund herrschaftlicher und sakraler Darstellungen üblich – verleiht der Darstellung einen besonderen Glanz. Harmonisch abgestimmt treten Grün- und Rottöne in Flächen auf, die in sich ornamental und floral ausgestaltet sind. Wiederkehrende Muster, durchgängige Linienführung in ruhigen Wellen, wirken organisch und unterstreichen die Natürlichkeit und dargestellte Einheit von Mann und Frau im Kuss.

Gestaltungsprinzipien des Jugendstils aus dem Bereich der bildenden Kunst lassen sich auch in der Lyrik entdecken. Unter diesem Aspekt wird das dritte Gedicht aus den *Terzinen über Vergänglichkeit*, 1894 entstanden, 1922 erstmals erschienen, von Hugo von Hofmannsthal (1874–1929) analysiert und interpretiert. Formal ist es sehr regelmäßig gebaut. Die Form der Terzinen, unter die am Ende ein isoliert gesetzter Schlussvers gesetzt wird, findet man bei Hofmannsthal häufiger. Er greift damit die Strophenform Dantes in der *Divina Commedia* auf. Das Versmaß ist ein regelmäßiger jambischer Fünfheber, bei dem männlicher oder weiblicher Versschluss wechseln.[2] Formal verbindet das verwendete Kreuzreimschema die optisch klar definierten Terzinen, und so kommt es zu einer ineinanderlaufenden Drei-zu-vier-Bewegung, dem sogenannten Kettenreim. Ein Enjambement über die jeweiligen Strophenenden mit dem ersten Vers der folgenden Strophe stärkt die Verbindung des jeweilig zweiten Kreuzreimpaars. Damit aus dieser vermeintlichen Überbetonung keine Brechung zum jeweiligen Mittelvers der Terzine entsteht, ist der erste Vers der Terzine mit dem zweiten durch ein Enjambement verbunden, das durch die syntaktische Gestaltung enger an den vorigen Vers als an das Enjambement, das die Terzinen verbindet, gestaltet ist. Man kann hierin eine Entsprechung mittels Sprache zu der verschlungenen Ornamentik der bildenden Kunst, etwa des beschriebenen Beethovenfrieses, sehen. Ein Gedichtvortrag unterstreicht dieses Phänomen in besonderem Maße und hebt den besonderen Aspekt der Klanglichkeit hervor.

Inhaltlich steht die Frage des menschlichen Seins im Zentrum. Auch hier ist die jugendstiltypische Verschlingung von Motiven zu beobachten: In den ersten drei Strophen sind die Motive ›Traum‹ (V. 1, 2, 6), ›Kind‹ (V. 3, 7), ›Mond‹ (V. 5, 9) und ›(Kirsch-)Baum‹ (V. 3, 4, 9) immer wieder eng verflochten und spinnen sich in Variationen auseinander fort. Das erste Wort – das einschließende »wir« – nimmt den Rezipienten aktiv mit und lenkt ihn zielgerichtet in die

1 https://secession.at/beethovenfries (Stand: 15.12.2022).

2 Das ist die übliche deutsche Wiedergabe des von Dante verwendeten Endecasillabo (›Elfsilbler‹), des seit Dante meistgebrauchten Versmaßes in der italienischen Dichtung.

Sphäre des Traums, indem eine wie auch immer geartete stoffliche Identität (»Zeug«, V. 1) konstatiert wird.[3] Die folgende Personifizierung des Traumes im Augenaufschlagen (vgl. V. 2) stellt das Erwecken dar, ein an sich paradoxes Bild. Der daran angeschlossene Vergleich »wie kleine Kinder unter Kirschbäumen« spricht für den Elan, die Vitalität und Begeisterung. Mit Blick auf den Titel *Terzinen über Vergänglichkeit* changieren hier Gegensätze. V. 4 und 5 der zweiten Terzine sind – syntaktisch vorangestellt – der Vergleich für den in V. 6 beschriebenen Vorgang, das Auftauchen der Träume. Drei vorangestellte Punkte verleihen diesem Vorgang eine besondere Aura, die durch die in V. 4 eingebrachte Farbe Gold göttlich wirkt. Dem andächtig wirkenden Sich-Erheben des Mondes wird durch das folgende Bild des lachenden Kindes eine besondere Leichtigkeit verliehen. Die dritte Terzine richtet den Blick in das Innerste des Individuums: Die Vergänglichkeit ist nicht fassbar, unsichtbar und über alle Grenzen hinweg gegenwärtig.

3 Der etwas rätselhaft formulierte V. 1 greift einen Gedanken aus Shakespeares *The Tempest* auf: »We are such stuff / As dreams are made on« (W. S., *The Tempest / Der Sturm*, engl./dt., übers. und hrsg. von Gerd Stratmann, Stuttgart 1982 [u. ö.], IV,1, V. 156 f., S. 144).

Das Motiv des Webens (V. 10) lässt an Schicksalsfäden denken, die von einer transzendenten Macht gewoben werden. Über die Verse verbinden sich die Gegensätze offen (V. 10) und versperrt (V. 11): Dies ist nur möglich, da es keine Grenzen mehr gibt. »Sind sie in uns und haben immer Leben.« Mit diesem Satz schließt die letzte Terzine und führt den zunächst gewonnenen Eindruck des Fehlens einer klaren Grenze zwischen Wachsein und Traum über den Eindruck des übergangslosen Ineinanderfließens von Wach- und Traumzustand hin zur Verschmelzung. Resümierend wird dies im isoliert nachgestellten V. 13 ausgedrückt, der eine Klammer zu V. 1 bildet, insofern hier nicht die »Träume« Satzsubjekt sind (wie in V. 2–13 durchgängig), sondern wieder das Wir: »ein Mensch«, nun allerdings in der Verschmelzung mit dem »Ding« und dem »Traum«: »Und drei sind eins«. Im Rückgriff auf das christliche Dogma der Dreieinigkeit wird das Individuum über die transzendentale Konzeption des Traumgefühls in die Versenkung und das Mit-sich-eins-Sein geführt: Subjekt, Außenwelt und Traumwelt sind »Eins« – aus gleichem »Zeug« (V. 1). Aus diesem Gedicht spricht die Kraft der menschlichen Phantasie, die in eindeutiger Opposition zum Rationalismus der Zeit steht.

Unterrichtsverlauf

Überblick. Die Schülerinnen und Schüler diskutieren die Bedeutung von Kunst zur Jahrhundertwende und lernen den Jugendstil mit seinen zentralen Merkmalen kennen. Sie können die Gestaltungsprinzipien der bildenden Kunst auf die Dichtung übertragen.

Phase	Thema	Sozialform	Kompetenzen/Lernziele	Materialien
2.1	Einstieg: Bildimpuls	UG	• Formulierung eines ersten Eindrucks	VORLAGE 2 ➤ S. 14
2.2	Erarbeitung 1: Ausschnitt des Beethovenfrieses analysieren	PA (UG)	• Bildbeschreibung üben • Herausarbeiten prägender Farb- und Formmerkmale • Intermediale Bezugnahme kennenlernen	VORLAGE 2 ➤ S. 14
2.3	Erarbeitung 2: Weitere Aspekte des Jugendstils	UG / LV	• Wissen erweitern und Informationen aufbereiten	VORLAGE 1 ➤ S. 8
2.4	Erarbeitung 3: Stimmen aus der Zeit – Positionen bestimmen	EA / PA / UG	• Identifizieren von Kernaussagen in Texten • Formulierung von Kernaussagen in eigenen Worten und Stellungnahme • Bezug zur eigenen Lebenswelt herstellen	ARBEITSBLATT 2a ➤ S. 17
2.5	Übergang: Von der darstellenden Kunst zur Lyrik	EA	• Wortschatzerweiterung für die sprachliche Umsetzung bildlicher Elemente	ARBEITSBLATT 2b ➤ S. 18

2.6	Erarbeitung 4: Klangbild und Formanalyse des Gedichts von Hofmannsthal erstellen	EA / UG	• Gedichtvortrag üben • Untersuchung der formalen Gestaltung • Visualisierung formaler und Klangmerkmale	ARBEITSBLATT 2b ➤ S. 18
2.7	Erarbeitung 5: Bilder und ihre sprachliche Verarbeitung analysieren	PA / UG	• Methode des Lerntandems üben • Ein Gedicht inhaltlich erschließen	ARBEITSBLATT 2b ➤ S. 18
HA	Hausaufgabe: Verschriftlichung der Ergebnisse	EA	• Reflexion des Gelernten	ARBEITSBLATT 2b ➤ S. 18

2.1 Einstieg: Bildimpuls

UG

VORLAGE 2 ➤ S. 14

Unterrichtsschritt. Anhand des Bildimpulses mittels VORLAGE 2 ***Die Kunstrichtung des Jugendstils*** formulieren die Schülerinnen und Schüler ihren ersten Gesamteindruck und versuchen über die Beschreibung von Formen, der Farbgebung und Muster im Unterrichtsgespräch erste Merkmale des Jugendstils in der darstellenden Kunst zu erkennen.

VORLAGE 2

Die Kunstrichtung des Jugendstils

Gustav Klimt: Beethovenfries. Chor der Paradiesengel und Umarmung, rechte Wand. Wien, 1902

Der Beethovenfries im Ausstellungsgebäude der Wiener Secession ist das Hauptwerk Gustav Klimts (1862–1918) und gilt als ein Höhepunkt des Jugendstils. Der Text auf diesem Teil des Frieses lautet:

> »Die Sehnsucht nach Glück findet Stillung in der Poesie. Die Künste führen uns in das ideale Reich hinüber, in dem allein wir reine Freude, reines Glück, reine Liebe finden können. Chor der Paradiesengel. Freude, schöner Götterfunke. Diesen Kuss der ganzen Welt!«

Zit. nach: Werner Kitlitschka / Fritz Novotny: Die Malerei der Wiener Ringstraße. Wien: Böhlau, 1981. S. 227.

2.2 Erarbeitung 1: Ausschnitt des Beethovenfrieses analysieren

Unterrichtsschritt. Vorentlastet durch das Impulsgespräch des Einstiegs, werden die Schülerinnen und Schüler aufgefordert, Details des Frieses (VORLAGE 2) in Bezug zu setzen und aus ihrem Wissen eine Deutung der Bezugnahme zu dem Vers »Diesen Kuss der ganzen Welt« aus Schillers *Ode an die Freude* – vertont und gesungen durch den Schlusschor der 9. *Symphonie* Ludwig van Beethovens – anzustellen. Je nach Vorwissen wird eine entsprechende Arbeitsform gewählt, bei wenig Kenntnissen das Unterrichtsgespräch. Gegebenenfalls muss durch einen Lehrervortrag nachgesteuert werden.

PA (UG)

VORLAGE 2
➤ S. 14

2.3 Erarbeitung 2: Weitere Aspekte des Jugendstils

Unterrichtsschritt. Mit dem erneuten Zeigen der VORLAGE 1 wird die Verbindung zur 1. Unterrichtsstunde hergestellt. Die Schülerinnen und Schüler erkennen das Titelblatt der Zeitschrift *Jugend* wieder. Durch einen Lehrervortrag wird der Bezug zum Jugendstil hergestellt. Die neuen Informationen werden von den Schülerinnen und Schülern festgehalten (z. B. schriftlicher Notizeintrag).

UG / LV

VORLAGE 1
➤ S. 8

2.4 Erarbeitung 3: Stimmen aus der Zeit – Positionen bestimmen

Unterrichtsschritt. Zwei unterschiedliche Positionen um 1900 zur Frage, was Kunst ausmacht, werden in Einzelarbeit gelesen (ARBEITSBLATT 2a ***Stimmen aus der Zeit***, M 1 und M 2). Die Kernaussagen werden herausgearbeitet. Leistungsschwächeren Schülerinnen und Schülern können Arbeitstechniken an die Hand gegeben werden wie unterstreichen, Zwischenüberschriften formulieren etc. In Partnerarbeit oder kleinen Lerngruppen werden die Gegenüberstellungen verglichen, gegebenenfalls ergänzt und/oder berichtigt. In der Lerngruppe wird die eigene Haltung zu diesem Thema diskutiert und festgehalten.

EA / PA / UG

ARBEITSBLATT 2a
➤ S. 17

2.5 Übergang: Von der darstellenden Kunst zur Lyrik

Unterrichtsschritt. Die Lerngruppe liest zunächst auf ARBEITSBLATT 2b ***Lyrik des Jugendstils: Hugo von Hofmannsthal*** die Stilbeschreibung des Literaturwissenschaftlers Jost Hermand (M 3).

Erläuterungen. Die Stilbeschreibung M 3 stützt (und ergänzt) die Erkenntnisse der Bildanalyse. Sie dient auch der Wortschatzerweiterung, also als Hilfestellung für mögliche sprachliche Umsetzung der bildlichen Muster, die für die folgende Gedichtanalyse gebraucht werden.

EA

ARBEITSBLATT 2b
➤ S. 18
Lösungshinweise
➤ S. 109

2.6 Erarbeitung 4: Klangbild und Formanalyse des Gedichts von Hofmannsthal erstellen

Unterrichtsschritt. Es folgt die Bearbeitung des Gedichts *Terzinen über die Vergänglichkeit III* von Hugo von Hofmannsthal (ARBEITSBLATT 2b , M 4). Ideal ist mit Blick auf die formale und klangliche Gestaltung ein Vortrag des Gedichts durch beispielsweise die Lehrkraft oder einen professionellen Sprecher.

Der Arbeitsauftrag gliedert sich in zwei Leitfragen, die zunächst die Form- und Inhalts-/Bildebene voneinander trennen. Die Formanalyse geschieht über die Visualisierung der formalen Merkmale. So wird die für den Jugendstil typische verwobene Linienführung, die gleichzeitige Be- und Entgrenzung sichtbar und fassbar. Die Ergebnisse werden im Unterrichtsgespräch diskutiert und exemplarisch visualisiert (ein mögliches Ergebnis in den Lösungshinweisen). Von der Lerngruppe erkannt werden sollten die Strophenstruktur (Terzinen, jeweils drei Verse), das Kettenreimschema (über die Terzinengrenzen hinweg), häufige Enjambements sowie Metrum und Rhythmus.

EA / UG

ARBEITSBLATT 2b
➤ S. 18

2.7 Erarbeitung 5: Bilder und ihre sprachliche Verarbeitung analysieren

PA / UG
ARBEITSBLATT 2b
➤ S. 18

Unterrichtsschritt. Die zweite Teilfrage des Arbeitsauftrags auf ARBEITSBLATT 2b nach der Darstellung des Phänomens »Traum« gliedert sich in drei lenkende Teilfragen: Welche Bilder werden dazu aufgerufen? Gibt es Verbindungen zwischen ihnen? Wie wird dies sprachlich gefasst (mit Augenmerk auf die Verben)? Im Austausch mit einem Lernpartner befragen die Schülerinnen und Schüler das Gedicht in diesen drei Teilschritten und halten die Ergebnisse schriftlich fest. Im abschließenden Unterrichtsgespräch wird der Bezug zu typischen Elementen des Jugendstils hergestellt. Dazu kann noch einmal der Beethovenfries (VORLAGE 2) gezeigt werden.

Erläuterungen. In der Textarbeit können folgende Bildfelder identifiziert werden: »Kind«, »(Kirsch-)Baum«, »Mond«. Diese Motive werden auseinander heraus entwickelt, z. B. in Terzine 1 und 2 in einer großen, langsamen Bewegung nach oben: Kinder schlagen die Augen auf (V. 2 f.), es gerät der Kirschbaum in den Blick (V. 3 f.), aus dessen Krone heraus sich der Vollmond anhebt (V. 4 f.). In Terzine 3 und 4 verändert sich die Bewegung vom Aufwärtsstreben zu einer Bewegung auf der Stelle (zentral: »Auf- und Niederschweben«; V. 8). Insbesondere durch die verwendeten Verben wird eine Atmosphäre von sanfter Bewegung und einfachem, ruhigem Dasein hervorgerufen, die die Verschmelzung von Subjekt, Außenwelt und Traumwelt kennzeichnet.

Der Vergleich mit Klimts Beethovenfries kann darauf abheben, dass auch hier keine realistische oder naturalistische Welt dargestellt ist, sondern eine Ideal- oder Traumwelt. Auch die formalen Entsprechungen können thematisiert werden: Strenge, regelmäßige Grundstrukturen, aufgelockert mit ornamentalen Mustern, Arabesken, die »im ständigen Wechsel der Linienführung jeder klar erfassbaren Formenbegrenzung auszuweichen« versuchen (Hermand).

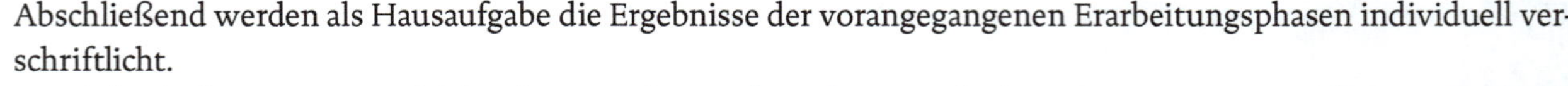

ARBEITSBLATT 2b
➤ S. 18

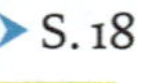

Hausaufgabe

Abschließend werden als Hausaufgabe die Ergebnisse der vorangegangenen Erarbeitungsphasen individuell verschriftlicht.

Fakultativ kann eine vergleichende Betrachtung des Schwerpunktthemas »Traum« mit anderen selbständig ausgewählten Gedichten aus der Anthologie *50 Gedichte um 1900* erfolgen.

ARBEITSBLATT 2a

Stimmen aus der Zeit

M 1 Kaiser Wilhelm II. in einer Rede vom 18.12.1901

»Eine Kunst, die sich über die von Mir bezeichneten Gesetze und Schranken hinwegsetzt, ist keine Kunst mehr, sie ist Fabrikarbeit, ist Gewerbe, und das darf die Kunst nie werden. Mit dem viel missbrauchten Wort ›Freiheit‹ und unter seiner Flagge verfällt man gar oft in Grenzenlosigkeit, Schrankenlosigkeit, Selbstüberhebung. Wer sich aber von dem Gesetz der Schönheit und dem Gefühl für Ästhetik und Harmonie, die jedes Menschen Brust fühlt, ob er sie auch nicht ausdrücken kann, loslöst und in Gedanken in einer besonderen Richtung, einer bestimmten Lösung mehr technischer Aufgaben die Hauptsache erblickt, der versündigt sich an den Urquellen der Kunst.«

Reden des Kaisers. Ansprachen, Predigten und Trinksprüche Wilhelms II. Hrsg. von Ernst Johann. München: dtv, 1966. S. 102.

M 2 Leitidee der Reformkunst in Wien um 1900

»Wir kennen keine Unterscheidung zwischen ›hoher Kunst‹ und ›Kleinkunst‹, zwischen Kunst für die Reichen und Kunst für die Armen. Kunst ist Allgemeingut. [...] Und so einer unter euch sage: ›Aber wozu brauche ich denn Künstler? Ich mag keine Bilder‹, dann wollen wir ihm antworten: ›Wenn du keine Bilder magst, so wollen wir deine Wände mit herrlichen Tapeten schmücken; du liebst es vielleicht, deinen Wein aus einem kunstreich geformten Glas zu trinken; komm zu uns, wir weisen dir die Form des Gefäßes‹ [...] Nicht im Nebeldunst unklarer Schwärmer liegt der Wirkungskreis des Künstlers, sondern mitten im Leben muss er stehen.«

Weshalb wir eine Zeitschrift herausgeben? In: Theorie des literarischen Jugendstils. Stuttgart: Reclam, 1984. S. 73 f. [Aus dem ersten Band des Publikationsorgans der Secessionisten, *Ver Sacrum*, 1898.]

Arbeitsaufträge:

1. Formulieren Sie in eigenen Worten die Vorwürfe, die Kaiser Wilhelm II an die neue Kunst richtet (M 1).
2. Beschreiben Sie die Kunstauffassung der jungen Künstler der Wiener Secession (M 2).

*3. Positionieren Sie sich zu den Kunstauffassungen und stellen Sie ihre Kunstauffassung dar.
Folgende Schlagworte dienen als Hilfestellung:
- Verbindung von Technik und Ästhetik
- Funktionalität und Design.

M 1 Vorwürfe an die neue Kunst von Kaiser Wilhelm II.:	**M 2** Kunstauffassung der jungen Künstler:
Eigene Positionierung:	

Lyrik des Jugendstils: Hugo von Hofmannsthal

M 3 Jost Hermand zum Jugendstil

»Auf Schritt und Tritt begegnet man in den Werken dieser Richtung züngelnden Arabesken oder dynamisch erfüllten Kurven, deren Hauptwert im Dekorativen besteht. Es ist ein Stil, bei dem alles gleitet, ausweicht, sich windet, schlängelt oder dreht, sich im Hin und Zurück der Linien scheinbar begegnet, die Fläche mit einem krausen Liniengewirr überspielt und so im ständigen Wechsel der Linienführung jeder klar erfassbaren Formenbegrenzung auszuweichen versucht.«

Jost Hermand: Lyrik des Jugendstils. In: J. H. (Hrsg.): Jugendstil. Darmstadt: Wissenschaftliche Buchgesellschaft, 1971. S. 402–412, hier S 402.

M 4

HUGO VON HOFMANNSTHAL

Terzinen über Vergänglichkeit

III

Wir sind aus solchem Zeug, wie das zu Träumen,
Und Träume schlagen so die Augen auf
Wie kleine Kinder unter Kirschenbäumen,

Aus deren Krone den blassgoldnen Lauf
Der Vollmond anhebt durch die große Nacht.
… Nicht anders tauchen unsre Träume auf,

Sind da und leben wie ein Kind, das lacht,
Nicht minder groß im Auf- und Niederschweben
Als Vollmond, aus Baumkronen aufgewacht.

Das Innerste ist offen ihrem Weben;
Wie Geisterhände in versperrtem Raum
Sind sie in uns und haben immer Leben.

Und drei sind Eins: ein Mensch, ein Ding, ein Traum.

Hugo von Hofmannsthal: Gedichte. Leipzig: Insel, 1922. S. 28. [Behutsam modernisiert.]

Arbeitsauftrag:

Wie werden in dem Gedicht *Terzinen über Vergänglichkeit III* (M 4) künstlerische Gestaltungsprinzipien des Jugendstils, wie sie Jost Hermand in M 3 beschreibt, umgesetzt?

1. Beschreiben Sie zunächst die formale Gestaltung des Gedichts und visualisieren Sie diese.
2. Wie konzipiert Hugo von Hofmannsthal das Phänomen »Traum«?
   - Welche Bilder werden dazu aufgerufen?
   - In welchem Verhältnis stehen die Bilder zueinander?
   - Wie wird dies sprachlich gefasst? Achten Sie insbesondere auf die eingesetzten Verben und deren Wirkung.

3 Die Industrialisierung und die Schriftsteller: Darstellungen einer neuen Lebenswirklichkeit im Naturalismus beobachten

Zu: Richard Dehmel, *Der Arbeitsmann*, 1896 (➤ ARBEITSBLATT 3b, S. 26 f.)

Sachanalyse

Ein ganz neues Thema um 1900 nicht nur für die Lyrik, sondern die Kunst insgesamt, war die Hochindustrialisierung, die in Deutschland seit 1871 rasant an Fahrt aufnahm.

Das 1871 aus mehreren Vorgängerfirmen zusammengeschlossene Hüttenwerk Königs- und Laurahütte in Köngshütte (Oberschlesien) wurde zum größten Werk der Eisen- und Stahlerzeugung in Europa. Adolph von Menzel (1815–1904), bedeutender und erfolgreicher Maler des Realismus in Berlin, reiste dorthin und erstellte Skizzen, die später dem Ölgemälde *Das Eisenwalzwerk*, das zwischen 1872 und 1875 entstand, als Grundlage dienen sollten.

Die Simultanität der Arbeitsabläufe sowie das Ineinandergreifen der Arbeitsschritte werden auf beeindruckende Weise dargestellt. Neben körperlicher Schwerstarbeit, dem Einsatz großer Werkzeuge (z. B. Zangen), ist es die Technik, die den Betrachter in ihren Bann zieht: riesige Antriebsräder, Zahnräder, Aufhängungen, Verkabelungen, Kolben und Walzen sind minutiös in ihrem Arbeitsablauf abgestimmt. Nur wenig Tageslicht fällt in die Arbeitshalle ein, so dass im Bildhintergrund und an den Rändern dunkle Farben dominieren. Qualm und Ruß lassen Details im Hintergrund verschwimmen. Rechts im Gemälde – im dunklen Vordergrund – ist eine Frau zu erkennen, die den Arbeitern Essen bringt. Ihr Blick ist zum Betrachter gerichtet.

Das gleißende Licht aus der offenen Wanne mit dem glühenden Metall zieht den Blick des Betrachters auf sich und rückt die Arbeit der etwa sechs Männer in den Fokus. Von hinten wird die Wanne bestückt, eine Walze schiebt das Metall vorwärts, das auf der anderen Seite von den Arbeitern mit großen Eisenzangen zur weiteren Verarbeitung entgegengenommen wird.

Die moderne Wirklichkeit, Technik und Industrie sowie die soziale Realität, wird zum Gegenstand der Künste. Folgen der Industrialisierung wie Verelendung, Not und Armut, Krankheit werden dargestellt. Die Darstellungsweisen wurzeln in der Tradition des 19. Jahrhunderts und knüpfen an die Konzepte des Realismus an, wobei diese um neue Aspekte erweitert werden, die in der Strömungsbezeichnung Naturalismus zusammengefasst werden können: Neben der thematischen Erweiterung um die Errungenschaften der Technik und die sozialen Realitäten lohnt sich ideengeschichtlich ein Blick auf philosophische Schulen der Zeit, die von Émile Zola, Henrik Ibsen oder Leo Tolstoi für die Literatur aufgegriffen werden. Sie erörtern beispielsweise Fragen der Erblichkeit vor dem Hintergrund des Determinismus nach Taine oder üben Gesellschaftskritik. Ein neues Forum zur Verbreitung und Vertiefung der Gedanken des Naturalismus ist die Zeitschrift *Freie Bühne für modernes Leben*, die vom Theaterkritiker Otto Brahm seit 1890 im S. Fischer-Verlag veröffentlicht wurde: Werke europäischer Autorinnen und Autoren werden besprochen; eine gesellschaftspolitische Auseinandersetzung mit Fragen der Zeit findet statt. Die Literatur stellt den Alltag in all seinen Facetten dar, untersucht und analysiert wissenschaftlich Aspekte des Lebens (vgl. das Autorenbild Zolas in *Der Experimentalroman* und die Aussagen Bölsches in *Die Naturwissenschaftlichen Grundlagen der Poesie*). Das veränderte Wirklichkeitsverhältnis zeigt sich in der ungeschönten Wirklichkeitsbezogenheit der Werke. Nicht selten werden Alltagssprache, Alltagsgeräusche zu Papier gebracht; freie Rhythmen werden in der Lyrik bevorzugt.

Richard Dehmel (1863–1924) veröffentlichte im 1. Jahrgang der satirischen Zeitschrift *Simplicissimus* 1896 das Gedicht *Der Arbeitsmann*, das als Beispiel für die lyrische Antwort auf diese neuen Phänomene der industrialisierten Welt und der damit verbundenen sozialen Frage betrachtet werden kann.

Der schlichte Aufbau, die Wortwahl sowie die Darstellung der Natur verleihen dem Gedicht einen volksliedhaften Charakter: Es besteht aus drei Strophen zu je sieben Versen, wobei der jeweils der zweite und siebte Vers einer jeden Strophe nur aus zwei Silben besteht, die sich (außer in der 2. Strophe) auch nicht reimen (Waise) – und damit formal hervorgehoben sind. Im jeweiligen zweiten Vers wird vom Sprecher (dem »Arbeitsmann«, der im Titel benannt ist) ein Adressat angesprochen: »mein Weib« (V. 2), »mein Kind« (V. 9), »wir Volk« (V. 16), refrainartig schließt jede Strophe mit den beiden Worten »Nur Zeit«. Jeweils zwei Reimklänge prägen die erste und letzte Strophe – die zweite Strophe weist einen dritten Reimklang auf. Das weitgehend freirhythmische Metrum weist in die Moderne und distanziert das Gedicht vom traditionellen Volkslied. Zahlreiche Parallelen sind im Bereich von Wortwahl und Syntax zu finden.

Bezieht man die formalen Beobachtungen auf den Inhalt, so lässt sich ein deutlicher Bruch nach der zweiten Strophe ausmachen. In den ersten beiden Strophen wird ein bürgerliches Ideal vorgestellt: Hier wird die bürgerliche Kleinfamilie in idyllischer Natur, die auch auf der dem Gedicht im *Simplicissimus* beigegebenen Illustration von Hans Anetsberger (1870–1942) zu sehen ist, vom Sprecher, dem »Arbeitsmann«, individuell adressiert: »mein Weib«, »mein Kind«. Die bürgerlich wirkende Darstellung des Sonntagsspaziergangs wird durch träumerische Naturbilder sowie die Farbe Blau (V. 11) – in Anklang an den romantischen Sehnsuchtsort Natur – untermalt. Gekonnt wird ein bürgerliches Beispiel des Naturempfindens gezeigt.

In dieses Idyll wird jeweils am Strophenschluss bereits ein – scheinbar kleiner – Mangel eingewoben: Es »fehlt« (V. 5 und 12) etwas, wenn auch »[n]ur Zeit« (V. 7 und 14). Die Interpunktion, ein Punkt am Ende der Strophe, macht die Aussage zu einer schlichten Feststellung des Arbeitsmanns. Der Mangel verweist allerdings bereits auf einen fundamentalen Unterschied zwischen dem bürgerlichen Ideal und der sozialen Realität, die Ausbeutung der Arbeitskraft: Obwohl beide arbeiten – »und gar zu zweit« (V. 3) –, reicht es nicht für »das bisschen Kleid« (V. 12), »um so schön zu sein, wie die Vögel sind« (V. 13); die existenziellen Sorgen verhindern es, »so frei zu sein, wie die Vögel es sind« (V. 6).

Metaphorisch wird das Aufrufen des Vogel-Bildes (V. 6; V. 11, 13, 20) schon in den ersten beiden Strophen mit dem Drang nach Freiheit (V. 6) assoziiert. In der dritten Strophe kippt das Gedicht von der Darstellung des erstrebten bürgerlichen Ideals in die gesellschaftliche Realität, verbunden mit einem nun drohend-bedrohlichen Charakter. Signalisiert wird der Wechsel durch das markant am Strophenanfang wiederholte »Nur Zeit!« (V. 15), eine Klammer zum Strophenschluss bildend (V. 21), nun allerdings in beiden Fällen mit aktivierendem Ausrufezeichen. Der Aufruf umklammert die Strophe fest. Adressiert wird nun die Masse, »wir Volk« (V. 16); das durch Alliteration verbundene Wortspiel »wir wittern Gewitterwind, / wir Volk« schafft eine kämpferische Atmosphäre. Als Mangel wird nun die fehlende materielle Basis für ein Leben in Freiheit benannt: »all das, was durch uns gedeiht« (V. 19). Skizziert ist also das, was Marx und Engels im *Kommunistischen Manifest* als »Empörung der modernen Produktivkräfte gegen die modernen Produktionsverhältnisse« bezeichnet haben.[1] Die Scheinharmonie der vorangegangenen Strophen ist damit aufgehoben. Die Signalworte »Gewitterwind« (V. 15) und »kühn« (V. 20) geben dem Gedicht eine aufwiegelnde, kämpferische Wendung. »Nur Zeit!« – das richtet sich an die Bourgeoisie und bedeutet nun eher: ›Achtung! Wartet nur!‹ »Noch eine kleine Ewigkeit«: Dieses Oxymoron verweist darauf, dass die ewig und sicher scheinenden Verhältnisse möglicherweise nur noch von kurzem Bestand sind. Unter dem scheinbar harmonisch wirkenden Mantel des Gedichts verbirgt sich ein hohes Maß an Gesellschaftskritik und ein Hinweis auf das revolutionäre Potenzial der aktuellen Verhältnisse.

1 Karl Marx / Friedrich Engels, *Manifest der Kommunistischen Partei*, Stuttgart 2014 [u. ö.], S. 44.

Unterrichtsverlauf

Überblick. Die Schülerinnen und Schüler begegnen realistisch-naturalistischen Darstellungsweisen in der Kunst, setzen sich mit dem Kunst- und Literaturverständnis auseinander und entdecken über die Erprobung verschiedener Lesarten die gesellschaftskritische Dimension des Gedichts *Der Arbeitsmann* von Richard Dehmel. ! **Verkürzter Verlauf: 3.1 – 3.2 – 3.3 – 3.5 – 3.7**

Phase	Thema	Sozialform	Kompetenzen/Lernziele	Materialien
3.1	Einstieg: Ein Bild zum Klingen bringen	GA / UG	• Wortschatzerweiterung • Sensibilisierung für Klänge; onomatopoetische Eigenschaften von Wörtern erkennen	VORLAGE 3 ➤ S. 22
3.2	Erarbeitung 1: Welche Aufgaben setzt sich die Kunst und welche Rolle kommt dem Dichter zu?	EA	• Erfassen und Exzerpieren von Inhalten	ARBEITSBLATT 3a ➤ S. 24 f.

3.3	Sicherung 1: Ergebnisse vergleichen	PA	• Vergleichen und ggf. Korrektur und Ergänzungen von Ergebnissen	ARBEITSBLATT 3a ➤ S. 24 f.
3.4 **fakultativ**	Vertiefung: Lernplakat anlegen	GA	• Lernplakat zum Naturalismus erstellen	ARBEITSBLATT 3a ➤ S. 24 f.
3.5	Erarbeitung 2: Leitaspekt-gestützte Gedichtanalyse	EA / PA	• Formale Gestaltungsmerkmale erkennen • Bürgerliche und romantische Darstellungsweisen erkennen • Darstellung des Naturempfindens und Ambivalenz des Naturbildes erkennen • Sprachliche Mittel und Bilder zur Darstellung der Realität untersuchen	ARBEITSBLATT 3b ➤ S. 26 f.
3.6 **fakultativ**	Sicherung 2: Zusammenführung der Ergebnisse der Erarbeitungsphase	UG	• Ergebnisse der Erarbeitungsphasen zusammentragen, abgleichen und ergänzen, ggf. berichtigen	ARBEITSBLATT 3b ➤ S. 26 f.
3.7	Erarbeitung 6: Sozialkritische Dimension des Gedichts erörtern	UG	• Standpunkte festlegen und am Text begründen	ARBEITSBLATT 3b ➤ S. 26 f.
HA	Verfassen einer Gedichtinterpretation	EA	• Eine leitfragengesteuerte Interpretation verfassen	ARBEITSBLATT 3a ➤ S. 24 f. ARBEITSBLATT 3b ➤ S. 26 f.

3.1 Einstieg: Ein Bild zum Klingen bringen

GA / UG

Unterrichtsschritt. Die Schülerinnen und Schüler erhalten in der Arbeitsgruppe eine ausreichend große Darstellung (mindestens DIN A4 oder in digitaler Form – Vorteil: Bildausschnitte können nach Bedarf herangezoomt werden) der VORLAGE 3 ***Adolph von Menzel: Eisenwalzwerk***. Sie werden aufgefordert, das Gemälde genau zu betrachten und zu beschreiben. Dabei sollen die Sinneseindrücke möglichst vielfältig festgehalten werden:

VORLAGE 3 ➤ S. 22

- sehen
- riechen
- fühlen
- hören

Die Wortliste zu ›hören‹ wird einige lautmalerische Begriffe beinhalten. Gegebenenfalls haben die Schülerinnen und Schüler selbst bei der Findung treffender Verben Klänge verbalisiert und verschriftlicht. Hier kann die Lehrkraft den Begriff der Onomatopoesie einführen.

In einer gestaltenden Aufgabe werden die Schülerinnen und Schüler aufgefordert, in Kleingruppen einen Klangteppich zum Gemälde zu entwerfen. Dieser soll gestaltend vorgetragen und zudem schriftlich festgehalten werden (darauf kann später, wenn es um die Darstellung von Sprache in naturalistischen Dichtungen geht, zurückgegriffen werden).

Erläuterungen. Die Partitur für einen Klangteppich verteilt die verschiedenen Geräusche (regelmäßige wie Dampfmaschine, Zahnräder oder punktuelle wie Zischen des glühenden Metalls, Rufe der Arbeiter) auf verschiedene Sprecher(gruppen). Das genaue Erfassen der Sinneseindrücke hilft den Schülerinnen und Schülern im ersten Arbeitsschritt, mit Worten und Lauten (ihrer Stimme) eine Klangvielfalt zu entwickeln und die Klänge zu einer lautlichen Komposition (Rhythmisierung) im zweiten Arbeitsschritt zusammenzuführen.

Rhythmisierung entsteht durch die eng getakteten Arbeitsschritte, die fließend ineinander übergehen. Mensch und Maschine müssen zusammenarbeiten. Visuelle Elemente: Antriebsräder, Walzen, Kolben werden von den Menschen bedient; das rege Nebeneinander gleicht einem Wimmelbild, so dass im Gesamten der Eindruck von Gleichzeitigkeit, das Überschneiden und Potenzieren von Geräuschen entsteht. Hier werden die Schülerinnen und Schüler feststellen, dass die Sprache natürlicherweise an ihre Grenzen stößt (anders als die Musik oder Kunst, in der die Gleichzeitigkeit besser darstellbar ist).

VORLAGE 3

Adolph von Menzel: *Eisenwalzwerk*

Adolph von Menzel, *Eisenwalzwerk (Moderne Cyclopen)*, 1872–75. Nationalgalerie, Staatliche Museen zu Berlin. – Foto: bpk / Nationalgalerie, SMB / Jürgen Liepe

Arbeitsauftrag:
Bringen Sie das Bild zum Klingen und gestalten Sie einen Klangteppich.
Welche Klänge entstehen im inneren Ohr bei der Betrachtung des Gemäldes? Notieren Sie diese (Erstellen eines Wort-Klang-Repertoires). Wie können die Klänge angeordnet werden, um die Eindrücke des Gemäldes möglichst genau darzustellen? Verfassen Sie eine Partitur zum Gemälde.

3.2 Erarbeitung 1: Welche Aufgaben setzt sich die Kunst und welche Rolle kommt dem Dichter zu?

EA

ARBEITSBLATT 3a
➤ S. 24 f.
Internet-zugang

Unterrichtsschritt. In Form eines Dossiers erhalten die Schülerinnen und Schüler auf ARBEITSBLATT 3a ***Äußerungen zur naturalistischen Kunst und Dichtung*** vier Textauszüge (M 1– M 4), die Grundlagen und zentrale Elemente naturalistischer Kunst und Dichtung thematisieren. Begriffliche und inhaltliche Unklarheiten werden mit Hilfe einer Internetrecherche geklärt. Über die Technik des Exzerpierens werden die zentralen Aussagen und Forderungen herausgearbeitet und abschließend in einem selbständig verfassten Text resümiert, so dass im weiteren Verlauf der Stunde auf dieses Wissen zurückgegriffen werden kann.

3.3 Sicherung 1: Ergebnisse vergleichen

PA

ARBEITSBLATT 3a
➤ S. 24 f.

Unterrichtsschritt. In Partnerarbeit werden die Ergebnisse der Resümees (ARBEITSBLATT 3a, M 1–M 4) verglichen und fehlende Aussagen ergänzt bzw. falsche Darstellungen berichtigt.

3.4 Vertiefung: Lernplakat anlegen (fakultativ)

Unterrichtsschritt. Die Schülerinnen und Schüler erstellen anhand von ARBEITSBLATT 3a in Kleingruppen ein Lernplakat zur Strömung des Naturalismus, das in den folgenden Stunden nach und nach erweitert werden kann.

GA

ARBEITSBLATT 3a
➤ S. 24 f.

3.5 Erarbeitung 2: Leitaspektgestützte Gedichtanalyse

Unterrichtsschritt mit Erläuterungen. Anhand von Leitfragen erschließen die Schülerinnen und Schüler die sozialkritische Dimension des Gedichts *Der Arbeitsmann* (ARBEITSBLATT 3b ***Richard Dehmel: »Der Arbeitsmann«***) und verfassen unter diesem Aspekt eine Interpretation. Zunächst lesen die Schülerinnen und Schüler das Gedicht und werden aufgefordert den äußeren, formalen Aufbau des Gedichts zu beschreiben (Arbeitsauftrag 1). In einem zweiten Schritt stellen die Schülerinnen und Schüler – auch unter Berücksichtigung der Illustration – Bezüge zu bürgerlichen Denkweisen der Zeit her, die das Gedicht auf den ersten Blick prägen (Arbeitsauftrag 2). In der Darstellung des Naturempfindens (Arbeitsauftrag 3) wird die Ambivalenz des bürgerlichen Bildes und der dargestellten Realität durch das lyrische Ich (Arbeitsmann) herausgearbeitet, insbesondere auch der Wechsel von Idylle zu »Gewitterwind« in Strophe 3. Die Gedankenführung geht über den Arbeitsauftrag 4, der die Wende im Gedicht vertieft, zur interpretatorischen Ausführung bzw. zum Transfer (Arbeitsauftrag 5).

EA / PA

ARBEITSBLATT 3b
➤ S. 26 f.
Lösungshinweise
➤ S. 110

3.6 Sicherung 2: Zusammenführung der Ergebnisse der Erarbeitungsphase (fakultativ)

Unterrichtsschritt. Je nach fachlicher Stärke können nach der Erarbeitungsphase die Ergebnisse im Plenum zusammengetragen werden. Gegebenenfalls können die Lösungshinweise auch gezeigt werden.

UG

ARBEITSBLATT 3b
➤ S. 26 f.

3.7 Erarbeitung 6: Sozialkritische Dimension des Gedichts erörtern

Unterrichtsschritt. In einer Abschlussdiskussion werden mündlich die sozialkritischen Dimensionen erörtert.

UG

ARBEITSBLATT 3b
➤ S. 26 f.

Hausaufgabe

Verfassen einer Gedichtinterpretation mit Fokus auf den sozialkritischen Dimensionen und unter Berücksichtigung der Kennzeichen naturalistischer Literatur.

ARBEITSBLATT 3a
➤ S. 24 f.
ARBEITSBLATT 3b
➤ S. 26 f.

Äußerungen zur naturalistischen Kunst und Dichtung

M 1 Wilhelm Dilthey: »Die drei Epochen der modernen Ästhetik und ihre heutige Aufgabe«

»Die neue Poesie und Kunst will also zweitens Naturalismus sein. Sie will das Wirkliche sehen lassen, wie es ist, und analysieren. Sie will die Anatomie und Physiologie eines gegebenen Teils der Wirklichkeit sein. Was heute um uns menschlich, gesellschaftlich lebt, atmet und pulsiert, was jeder an seinem eigenen Leben und an seiner eigenen Seele erfährt, das will sie, solange es dem Messer der Wissenschaft noch nicht verfallen ist, unter ihr eigenes Seziermesser nehmen. Sie bevorzugt daher vor der Handlung die psychologische Tiefe. Sie will erkennen. Wie nun aber die herrschenden Ideen in Paris, als dem Zentralpunkt dieser Bewegung, gleichmäßig bei einem Balzac, Taine und Zola sind: will die stärkste literarische Richtung vor allem das Physiologische, ja das Bestialische deutlich in der Menschennatur sehen lassen: die unwiderstehlichen Instinkte, denen der Intellekt nur ihren Weg erleuchtet.«

Wilhelm Dilthey: Die drei Epochen der modernen Ästhetik und ihre heutige Aufgabe (1892). In: Gesammelte Schriften. Bd. 6. Hrsg. von Karlfried Gründer. Stuttgart/Göttingen: Teubner / Vandenhoeck & Ruprecht, [7]1994. S. 242–284, hier S. 243.

M 2 Émile Zola: *Der Experimentalroman* (*Le roman expérimental*)

»›Der Beobachter konstatiert klar und einfach die Erscheinungen, die vor seinen Augen liegen … Er hat der Fotograf der Erscheinungen zu sein; seine Beobachtung muss die Natur in exakter Weise darstellen … er behorcht die Natur und schreibt unter ihrem Diktat. Ist aber die Tatsache einmal konstatiert, die Erscheinung genau beobachtet, so tritt die Idee hinzu, das Urteil mengt sich ein, und es erscheint der Experimentator, um das Phänomen zu interpretieren. Der Experimentator ist derjenige, der kraft einer mehr oder weniger wahrscheinlichen, jedoch antizipierten Interpretation der beobachteten Erscheinungen das Experiment so einrichtet, dass es nach der logischen Folge der Vermutungen ein Resultat gibt, das der Hypothese oder der vorgefassten Idee zur Kontrolle dient … Von dem Augenblick an, in dem das Resultat des Experiments zum Vorschein kommt, steht der Experimentator einer echten Beobachtung gegenüber, die er hervorrief und die er, wie jede Beobachtung, ohne vorgefasste Idee konstatieren muss. Der Experimentator muss dann verschwinden, oder vielmehr, er muss sich augenblicklich in den Beobachter umwandeln; und erst, nachdem er die Resultate des Experiments ganz genau wie die einer gewöhnlichen Beobachtung konstatiert hat, kann sich sein Geist wieder daran machen, zu denken, zu vergleichen und zu urteilen, ob die experimentelle Hypothese beglaubigt oder von den gleichen Resultaten entkräftigt wird.‹

Das ist der ganze Mechanismus. […] Alles in allem kann man sagen, dass die Beobachtung ›zeigt‹ und dass das Experiment ›belehrt‹.

[…] Von diesem Tage an tritt also die Wissenschaft in unser Reich, zu uns Romanschriftstellern, die wir jetzt Analytiker des Menschen in seiner individuellen und sozialen Tätigkeit sind. Mit unseren Beobachtungen und Experimenten setzen wir die Arbeit des Physiologen fort, der seinerseits die des Physikers und des Chemikers fortgeführt hat. Wir schaffen in irgend einem Sinne wissenschaftliche Psychologie zur Ergänzung der wissenschaftlichen Physiologie; und zur Vollendung der Entwicklung haben wir in unsere Forschungen über die Natur und den Menschen nur das entscheidende Werkzeug der experimentellen Methode hineinzutragen. Kurz, wir müssen mit den Charakteren, den Leidenschaften, den menschlichen und sozialen Handlungen operieren, wie es der Chemiker und der Physiker mit den starren Körpern, der Physiologe mit den lebenden Wesen tut. Der Determinismus beherrscht alles.«

Émile Zola: Der Experimentalroman. Eine Studie. Übers. von Julius Zeitler. Leipzig: Zeitler, 1904, S. 11–62, hier S. 12 f., 23. [Frz. Original 1880.]

M 3 Wilhelm Bölsche: *Die naturwissenschaftlichen Grundlagen der Poesie*

»Der Dichter […] ist in seiner Weise ein Experimentator, wie der Chemiker, der allerlei Stoffe mischt, in gewisse Temperaturgrade bringt und den Erfolg beobachtet. Natürlich: der Dichter hat Menschen vor sich, keine Chemikalien. Aber […] auch diese Menschen fallen ins Gebiet der Naturwissenschaften. Ihre Leidenschaften, ihr Reagieren gegen äußere Umstände, das ganze Spiel ihrer Gedanken folgen gewissen Gesetzen, die der Forscher ergründet hat und die der Dichter bei dem freien Experimente so gut zu beobachten hat, wie der Chemiker, wenn er etwas Vernünftiges und keinen wertlosen Mischmasch herstellen will, die Kräfte und Wirkungen vorher berechnen muss, ehe er ans Werk geht und Stoffe kombiniert.«

Wilhelm Bölsche: Die naturwissenschaftlichen Grundlagen der Poesie. Leipzig: Reissner, 1887. S. 8. [Behutsam modernisiert.]

M 4 *Freie Bühne für modernes Leben*

»Zum Beginn.

Eine freie Bühne für das moderne Leben schlagen wir auf.

Im Mittelpunkt unserer Bestrebungen soll die Kunst stehen; die neue Kunst, die die Wirklichkeit anschaut und das gegenwärtige Dasein.

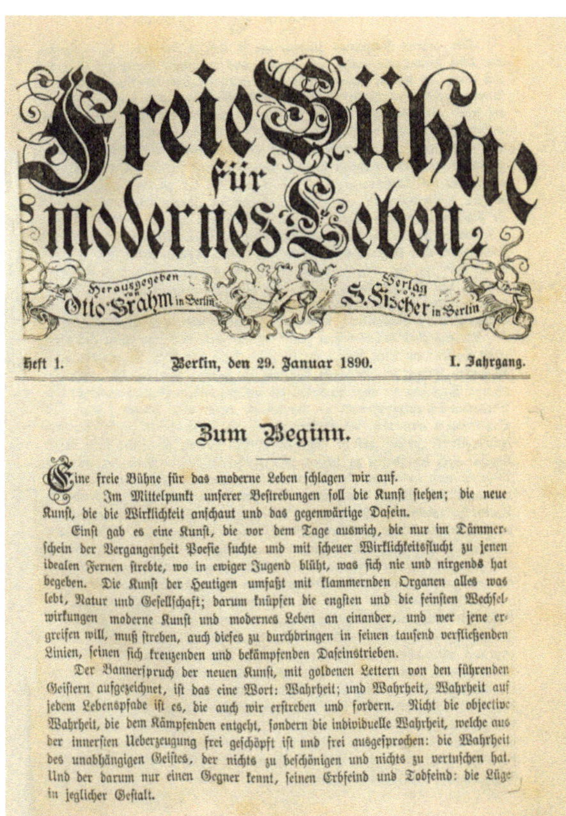

Freie Bühne für modernes Leben

Herausgegeben von Otto Brahm in Berlin — Verlag von S. Fischer in Berlin

Heft 1. Berlin, den 29. Januar 1890. I. Jahrgang.

Zum Beginn.

Eine freie Bühne für das moderne Leben schlagen wir auf.

Im Mittelpunkt unserer Bestrebungen soll die Kunst stehen; die neue Kunst, die die Wirklichkeit anschaut und das gegenwärtige Dasein.

Einst gab es eine Kunst, die vor dem Tage auswich, die nur im Dämmerschein der Vergangenheit Poesie suchte und mit scheuer Wirklichkeitsflucht zu jenen idealen Fernen strebte, wo in ewiger Jugend blüht, was sich nie und nirgends hat begeben. Die Kunst der Heutigen umfaßt mit klammernden Organen alles was lebt, Natur und Gesellschaft; darum knüpfen die engsten und die feinsten Wechselwirkungen moderne Kunst und modernes Leben an einander, und wer jene ergreifen will, muß streben, auch dieses zu durchdringen in seinen tausend verfließenden Linien, seinen sich kreuzenden und bekämpfenden Daseinstrieben.

Der Bannerspruch der neuen Kunst, mit goldenen Lettern von den führenden Geistern aufgezeichnet, ist das eine Wort: Wahrheit; und Wahrheit, Wahrheit auf jedem Lebenspfade ist es, die auch wir erstreben und fordern. Nicht die objective Wahrheit, die dem Kämpfenden entgeht, sondern die individuelle Wahrheit, welche aus der innersten Ueberzeugung frei geschöpft ist und frei ausgesprochen: die Wahrheit des unabhängigen Geistes, der nichts zu beschönigen und nichts zu vertuschen hat. Und der darum nur einen Gegner kennt, seinen Erbfeind und Todfeind: die Lüge in jeglicher Gestalt.

Titelblatt der ersten Ausgabe der *Freien Bühne für modernes Leben*. Ab 1904 erscheint die Zeitschrift unter dem Namen *Die Neue Rundschau*. Die große europäische Kulturzeitschrift bietet ein Diskussionsforum für moderne Literatur.

Einst gab es eine Kunst, die vor dem Tage auswich, die nur im Dämmerschein der Vergangenheit Poesie suchte und mit scheuer Wirklichkeitsflucht zu jenen idealen Fernen strebte, wo in ewiger Jugend blüht, was sich nie und nirgends hat begeben. Die Kunst der Heutigen umfasst mit klammernden Organen alles was lebt, Natur und Gesellschaft; darum knüpfen die engsten und die feinsten Wechselwirkungen moderne Kunst und modernes Leben an einander, und wer jene ergreifen will, muss streben, auch dieses zu durchdringen in seinen tausend verfließenden Linien, seinen sich kreuzenden und bekämpfenden Daseinstrieben.

Der Bannerspruch der neuen Kunst, mit goldenen Lettern von den führenden Geistern aufgezeichnet, ist das eine Wort: Wahrheit; und Wahrheit, Wahrheit auf jedem Lebenspfade ist es, die auch wir erstreben und fordern. Nicht die objektive Wahrheit, die dem Kämpfenden entgeht, sondern die individuelle Wahrheit, welche aus der innersten Überzeugung frei geschöpft ist und frei ausgesprochen: die Wahrheit des unabhängigen Geistes, der nichts zu beschönigen und nichts zu vertuschen hat. Und der darum nur einen Gegner kennt, seinen Erbfeind und Todfeind: die Lüge in jeglicher Gestalt.«

Freie Bühne für modernes Leben 1 (1890), Heft 1. S. 1.

Richard Dehmel: *Der Arbeitsmann*

RICHARD DEHMEL

Der Arbeitsmann

Wir haben ein Bett, wir haben ein Kind,
mein Weib!
Wir haben auch Arbeit, und gar zu zweit,
und haben die Sonne und Regen und Wind.
Und uns fehlt nur eine Kleinigkeit,
um so frei zu sein, wie die Vögel sind:
Nur Zeit.

Wenn wir sonntags durch die Felder gehn,
mein Kind,
und über den Ähren weit und breit
das blaue Schwalbenvolk blitzen sehn,
oh, dann fehlt uns nicht das bisschen Kleid,
um so schön zu sein, wie die Vögel sind:
Nur Zeit.

Nur Zeit! Wir wittern Gewitterwind,
wir Volk.
Nur eine kleine Ewigkeit;
uns fehlt ja nichts, mein Weib, mein Kind,
als all das, was durch uns gedeiht,
um so kühn zu sein, wie die Vögel sind.
Nur Zeit!

Aus: Simplicissimus. Illustrierte Wochenschrift 1 (1896). Nr. 38. S. 3.

Der Arbeitsmann von Richard Dehmel*)

(Zeichnung von Anetsberger)

Wir haben ein Bett, wir haben ein Kind,
Mein Weib!
Wir haben auch Arbeit, und gar zu zweit,
Und haben die Sonne und Regen und Wind,
Und uns fehlt nur eine Kleinigkeit,
Um so frei zu sein, wie die Vögel sind:
Nur Zeit!

Wenn wir Sonntags durch die Felder gehn,
Mein Kind,
Und über den Ähren weit und breit
Das blaue Schwalbenvolk blitzen sehn,
O, dann fehlt uns nicht das bißchen Kleid,
Um so schön zu sein, wie die Vögel sind:
Nur Zeit.

Nur Zeit! Wir wittern Gewitterwind,
Wir Volk.
Nur eine kleine Ewigkeit;
Uns fehlt ja nichts, mein Weib, mein Kind,
Als all das, was durch uns gedeiht,
Um so froh zu sein, wie die Vögel sind –
Nur Zeit!

*) Preisgekröntes Lied unserer Konkurrenz für das beste sangbare Lied aus dem deutschen Volksleben.

Erstveröffentlichung in der satirischen Zeitschrift *Simplicissimus* (1. Jg., 1896),
Illustration: Hans Anetsberger (1870–1942)

Arbeitsaufträge:

1. Beschreiben Sie den äußeren, formalen Aufbau des Gedichts.
2. Welche bürgerlichen Anklänge, Bilder und Gesellschaftskonzepte kommen in diesem Gedicht zur Sprache? Beziehen Sie dazu auch den Titel und die Illustration aus dem *Simplicissimus* ein.
3. Wie wird das Naturempfinden in diesem Gedicht dargestellt? Gibt es Veränderungen? Wo kann man einen Wendepunkt sehen?
4. Untersuchen Sie die sprachlichen Mittel und verwendeten Bilder, welche die Darstellungen der Realität durch das lyrische Ich zum Ausdruck bringen. Achten Sie unter anderem auch auf die Adressaten der Strophen, Parallelen zwischen den Strophen (und Veränderungen), Wiederholungen und Alliterationen.
5. Worin besteht die sozialkritische Dimension dieses Gedichts? Legen Sie diese in einer Interpretation dar. Beziehen Sie Ihr Wissen über naturalistische Literatur ein.

4 Detlev von Liliencron und Arno Holz: Revolutionäre und Wegbereiter der Moderne kennen lernen

Zu: Detlev von Liliencron, *Lebewohl an meinen verstorbenen Freund, Herrn Naturalismus*, 1897 (➤ *50 Gedichte um 1900*, S. 17, ➤ ARBEITSBLATT 4a, S. 33), und: Arno Holz, *Rote Dächer!*, 1898 (➤ ARBEITSBLATT 4c, S. 35 f.)

Sachanalyse

Naturalismus und Impressionismus sind Strömungen in der Lyrik um 1900, die sich nicht immer trennscharf unterscheiden lassen, zumal Autoren selbst fließende Übergänge pflegen. Es eint sie allerdings die Ablehnung ›herkömmlicher‹, insbesondere (neo-)romantischer Dichtungsweisen. Liliencrons *Lebewohl an meinen verstorbenen Freund, Herrn Naturalismus* und Holz' *Rote Dächer!* sind zwei Beispiele dafür.

In seinem poetologischen Gedicht *Lebewohl an meinen verstorbenen Freund, Herrn Naturalismus* (1897) überstrapaziert Detlev von Liliencron (1844–1908) bewusst abgedroschene Stilmittel, Bilder und Reimformen und überführt diese in parodistischer Weise. Die Überladungen führen zu grotesken Bildern und führen die Lächerlichkeit poetischer Sprache und Darstellungsformen vor. Während sich die erste Hälfte des Gedichts (V. 1–6) auf das Produkt als solches bezieht (»Widerliches Wort«, V. 1), wird in der zweiten Hälfte der Dichter vorgeführt (V. 7–12): ein passives Warten auf den Musenkuss ist passé. Die Imperative an den Versanfängen fordern zur direkten Handlung auf; der Dichter hat sein Schicksal selbst in der Hand, die Muse wird im vorletzten Vers endgültig entmystifiziert.

Dass nicht nur inhaltlich, sondern auch in der Formsprache neue Töne angeschlagen werden müssen, bringt Arno Holz (1863–1929) in seiner poetologischen Schrift *Revolution der Lyrik* (1899) zur Sprache: Von den überlieferten Kunstmitteln, Reimen, Strophenform, Rhythmus, müsse sich das moderne Gedicht befreien. In seinem Langgedicht *Phantasus* (zwei Hefte, 1898/99) hatte Arno Holz diese Anforderungen bereits umgesetzt und ein naturalistisch-impressionistisches Werk der modernen Lyrik gestaltet. Thema des großen Zyklus ist das Leben eines verarmten, dem Hungertod nahen Poeten in der Großstadt Berlin. In seiner Dachkammer schwingt er sich zu großen Fantasien auf.

Das Gedicht *Rote Dächer!* (1898) von Arno Holz stammt aus diesem Zyklus *Phantasus*. Im vorliegenden Gedicht wird in naturalistisch anmutender Darstellungsweise, ausgedrückt durch den natürlichen Sprachrhythmus, die Detailtreue und die Unmittelbarkeit der sprachlichen Gestaltung, der Alltag in einer Kleinstadt aus der Sicht eines Jungen, vom Dachfenster aus nach unten blickend, beschrieben. Nähe zur natürlichen Sprache zeigt sich durch die Verwendung von Aphäresen (z. B. V. 22 »grade«, V. 28 »drüber«), Diminutiven, umgangssprachlichen Wendungen und Ausrufen (z. B. V. 10 »kucke«, V. 25 »Hümpelchen«). Es gibt kein festes Metrum, die acht Strophen sind unterschiedlich lang (von einem bis zu sieben Versen).

Formale Bezüge werden durch anaphorische Verbindungen, Parallelismen (z. B. V. 11/12 »Unter mir« / »hinter mir«) und sich steigernde Wiederholungen (V. 29 »Die wunder, wunderschönen Farben!«) hergestellt. In langen Satzgestaltungen über mehrere Verse hinweg können einzelne Wörter durch optische Positionierungen akzentuiert werden und Bilder sich neu und unkonventionell miteinander verbinden (vgl. die Zusammenstellung der Objekte auf dem Blumenbrett V. 23–25).

Inhaltlich wird eine lebendige, fast idyllische Szene einer Kleinstadt erzeugt: Das Gedicht besteht fast vollständig aus der Zusammenstellung von Sinneseindrücken (riechen, sehen, hören), die unverbunden nebeneinanderstehen (auf das Gackern der Henne V. 5 folgt etwa die Wahrnehmung des Kaffeedufts V. 6). Holz nimmt hier den Bewusstseinsstrom vorweg, den u. a. Arthur Schnitzler in Prosawerken etabliert hat. Die direkten Eindrücke wie beispielsweise der Geruch des Kaffees (V. 6) werden durch die vorige Nennung des Nachmittags mit einem Sonntagnachmittags-Gefühl in Verbindung gebracht. Die atmosphärische Erfassung der dargestellten Szene weist impressionistische Züge auf. Das Klangbild, das durch die Verben »gackern« (V. 5), »zanken« (V. 16), »sägen« (V. 17), »hämmern« (V. 19) erzeugt wird, erwecken das Gefühl von Authentizität und Harmonie der Kleinstadtidylle. Die Laute von Kleinvieh (Hühner) oder die Klänge der Handwerker sind in einer Großstadt um 1900 nicht mehr prägend. Konkrete Namensnennungen (z. B. V. 5 »Mohdrickers Garten«, V. 15 »Knorrs Regenrinne«, V. 20 »Kupferschmid Thiel«) suggerieren enge nachbarschaftliche Beziehungen. Die unaufgeregte Betrachtungsweise, die sich in flüssigen Aufzählungen widerspiegelt, entwirft ein positives Bild. Die mehrfach verwendeten Ausrufe verstärken zunächst dieses gegenwärtige Gefühl: »Wie still das ist!« (V. 14); »Wie das riecht? Bis zu mir rauf!« (V. 26).

Mit dem Schließen der Augen in V. 30 wird aus dem scheinbar unmittelbaren und real entworfenen Bild der Kleinstadt aber ein Abbild vor dem inneren Auge des lyrischen Ich. Die adverbiale Bestimmung der Zeit »noch« rückt die Wahrnehmungen in die Vergangenheit. Das »Ich« in V. 30 greift auf die zweite Strophe zurück: »Ich bin ein kleiner, achtjähriger Junge« (V. 7), mit der das lyrische Ich sich konkretisiert hat. V. 30 lässt der Vermutung Raum, dass es sich bei dem Gedicht um eine rückwärtsgewandte Imagination des lyrischen Ich in idyllische Kindheitstage handelt.

Unterrichtsverlauf

Überblick. Die Schülerinnen und Schüler arbeiten an Hand eines poetologischen Gedichts von Detlev von Liliencron und eines weiteren poetologischen Textes Merkmale moderner Lyrik heraus und erkennen in der Analyse eines Gedichts von Arno Holz Zusammenhänge und fließende Übergänge der Strömungen Naturalismus und Impressionismus.

Phase	Thema	Sozialform	Kompetenzen/Lernziele	Materialien
4.1	Einstieg: Gedichtvortrag	LV / UG	• Einen Gedichtvortrag gestalten • Den ironischen Grundton erkennen	ARBEITSBLATT 4a ➤ S. 33
4.2	Erarbeitung 1: Formale und inhaltliche Gestaltung untersuchen	PA	• Erkennen, wie der ironische Grundton zustande kommt, und am Text belegen	ARBEITSBLATT 4a ➤ S. 33
4.3	Sicherung 1: Zusammenfassung der Ergebnisse	UG	• Zusammenfassung der Ergebnisse	ARBEITSBLATT 4a ➤ S. 33
4.4	Erarbeitung 2: Aufstellen inhaltlicher Erwartungen	EA / PA / GA (Think – Pair – Share)	• Das Titelblatt beschreiben und deuten • Das vorangestellte Gedicht deuten und inhaltliche Erwartungen an die Schrift aufstellen • Poetologische Texte in eigenen Worten wiedergeben	VORLAGE 4 ➤ S. 31 ARBEITSBLATT 4b ➤ S. 34
4.5	Sicherung 2: Ergebnisse formulieren	UG	• Vortragen der Ergebnisse • Formulieren von Holz' zentralen Forderungen	VORLAGE 4 ➤ S. 31 ARBEITSBLATT 4b ➤ S. 34
4.6	Erarbeitung 3: Vortragsgestaltung	GA	• Individuelle Vortragsgestaltung: Diskussion in homogenen Gruppen	ARBEITSBLATT 4c ➤ S. 35 f.
4.7	Erarbeitung 4: Klang und äußere Erscheinung zusammenführen	PA / UG	• Begriffe des »Ohrbildes« und »typografische Musik« kennen lernen	ARBEITSBLATT 4c ➤ S. 35 f.
4.8	Erarbeitung 5: Atmosphärische Gestaltungsmittel untersuchen	PA / UG	• Direkte und indirekte atmosphärische Gestaltungsmittel untersuchen	ARBEITSBLATT 4c ➤ S. 35 f.
HA	Gedichtinterpretation verfassen	EA	• Eine leitfragengesteuerte Interpretation verfassen	ARBEITSBLATT 4c ➤ S. 35 f.

4.1 Einstieg: Gedichtvortrag

LV / UG

ARBEITSBLATT 4a
➤ S. 33
Lösungshinweise
➤ S. 111

Unterrichtsschritt. Durch einen Gedichtvortrag führt die Lehrkraft die Schülerinnen und Schüler an das Gedicht ARBEITSBLATT 4a ***Detlev von Liliencron: »Lebewohl an meinen verstorbenen Freund, Herrn Naturalismus«*** heran. Gemeinsam wird über den ersten Eindruck, die Wirkung des Gedichts auf den Leser bzw. die Leserin gesprochen; die Lerngruppe nimmt den ironischen Grundton wahr (der durch den Vortrag bereits deutlich gemacht werden sollte). Zentrale Begriffe können zur Entlastung durch die Lehrkraft schriftlich festgehalten werden und gegebenenfalls geklärt werden, etwa »Gekose« (das Liebkosen, V. 1), Unschlitt (tierisches Fett, das nicht zum Essen verwendet werden kann, V. 4), pökeln (Fleisch mit Salz haltbar machen, V. 6).

4.2 Erarbeitung 1: Formale und inhaltliche Gestaltung untersuchen

PA

ARBEITSBLATT 4a
➤ S. 33

Unterrichtsschritt. In Partnerarbeit untersuchen die Schülerinnen und Schüler Form und Inhalt des Gedichts und begründen am Text ihre ersten Leseeindrücke bzw. konkretisieren diese (ARBEITSBLATT 4a mit Arbeitsauftrag).

4.3 Sicherung 1: Zusammenfassung der Ergebnisse

UG

ARBEITSBLATT 4a
➤ S. 33

Unterrichtsschritt. Im Plenum werden die Ergebnisse des Arbeitsauftrags (ARBEITSBLATT 4a) zusammengefasst: Bewusstes Überstrapazieren von Stilmitteln und Reimformen sowie kontrastierende Bildwelten (Liebe versus Schlachten/Tod) geben die romantischen Motive des Gedichts der Lächerlichkeit preis. In der Parodierung und Ironisierung des althergebrachten Gedichts liegt zugleich eine Forderung an die Dichter für ihr zukünftiges Schaffen: Die Dichter werden aufgefordert aktiv zu werden – sie sollen nicht auf den Musenkuss warten, sondern diesen selbst herbeiführen und in diesem selbst geschaffenen, neuen Bund ans Werk gehen. Dies wird von Liliencron als Leistung des Naturalismus (Überschrift) gewürdigt, den er allerdings zum Entstehungszeitpunkt des Gedichts 1897 als Strömung bereits als beendet betrachtet.

4.4 Erarbeitung 2: Aufstellen inhaltlicher Erwartungen

EA / PA / GA (Think – Pair – Share)

VORLAGE 4
➤ S. 31
ARBEITSBLATT 4b
➤ S. 34

Unterrichtsschritt. Es folgt eine Erarbeitung zentraler poetologischer Aspekte des Naturalismus anhand von VORLAGE 4 ***Poetologische Überlegungen der jungen Dichtergeneration: Arno Holz' »Revolution der Lyrik« (1899).*** Die visuelle Gestaltung des Titelblatts sowie das dem poetologischen Werk vorangestellte Gedicht, das bereits Merkmale der Forderungen von Arno Holz enthält, weisen programmatisch den Weg in die Moderne und brechen mit tradierten Kunstmitteln der Lyrik. Die Erarbeitung erfolgt in Einzelarbeit, die Ergebnisse werden mit einem Partner kontrolliert und schließlich in Kleingruppen diskutiert.

Binnendifferenzierende Erweiterung. Die fünf kurzen Auszüge auf ARBEITSBLATT 4b ***Poetologische Überlegungen der jungen Dichtergeneration: Arno Holz' »Revolution der Lyrik« (1899)***, die zentrale Forderungen Arno Holz' enthalten, können in der Erarbeitungsphase von einzelnen Schülerinnen und Schülern gelesen und, in eigenen Worten formuliert, beigesteuert werden (Arbeitsauftrag 3).

4.5 Sicherung 2: Ergebnisse formulieren

UG

VORLAGE 4
➤ S. 31
ARBEITSBLATT 4b
➤ S. 34

Unterrichtsschritt. In der Sicherungsphase werden die eigenen Überlegungen – begründet an den vorgelegten Materialien – vorgetragen und gegebenenfalls diskutiert.

VORLAGE 4

Poetologische Überlegungen der jungen Dichtergeneration: Arno Holz' *Revolution der Lyrik* (1899)

Alle tausend Jahre
wachsen mir Flügel.
Alle tausend Jahre
saust mein purpurner Drachenleib
durch die Finsternis.
In entseelte Himmel
spei ich
Myriaden Sterne!
Am Bach,
unter Weiden,
sitz ich dann, flechte mein langes Goldhaar, singe
und freue mich, wie sie oben glitzern.

Arno Holz: Die Revolution der Lyrik. Berlin: Sassenbach, 1899. [Erstausgabe.] Cover und S. 7

Arbeitsaufträge:

1. Deuten Sie das Titelblatt sowie das der poetologischen Schrift vorangestellte Gedicht auf dem Frontispiz.
2. Formulieren Sie Ihre Erwartungen an den Inhalt dieser poetologischen Schrift.

*3. Fassen Sie die poetologischen Forderungen Holz' (ARBEITSBLATT 4b) in je einem Satz zusammen.

4.6 Erarbeitung 3: Vortragsgestaltung

Unterrichtsschritt. Die Schülerinnen und Schüler arbeiten in Kleingruppen und entdecken das Gedicht ARBEITSBLATT 4c ***Arno Holz: »Rote Dächer!«*** über individuelle Vortragsweisen (Arbeitsauftrag 1a, stärkere Lerngruppen zusätzlich 1b). GA

Schwächere Lerngruppen können durch flankierende Fragestellungen in ihrer Arbeit unterstützt werden, z. B.:

- Wie kommt der freie Vers im gesprochenen Gedicht zur Geltung?
- Welche Worte bzw. Wortgruppen werden besonders akzentuiert, z. B. durch Heben der Stimme?
- Wo setzen Sie Pausen, wo verbinden Sie Verse …?

ARBEITSBLATT 4c
➤ S. 35 f.
Lösungshinweise
➤ S. 112

4.7 Erarbeitung 4: Klang und äußere Erscheinung zusammenführen

PA / UG

ARBEITSBLATT 4c
➤ S. 35 f.

Unterrichtsschritt. Die Schülerinnen und Schüler führen ihre Erfahrungen aus ihren Gedichtvorträgen mit den optischen Wahrnehmungen des Textes zusammen und erläutern am Gedicht die poetologische Aussage des Autors zum »Ohrbild« (ARBEITSBLATT 4c, Arbeitsauftrag 2). Statt festem Metrum und gleichem Strophenbau strukturieren längere und kürzere Verszeilen den Inhalt. Zumeist enthält jeder Vers eine Wahrnehmung, die unverbunden neben der nächsten steht, manchmal auch in einem scharfen Bruch (vgl. etwa die Hör- und Riechwahrnehmung in V. 5/6).

4.8 Erarbeitung 5: Atmosphärische Gestaltungsmittel untersuchen

PA / UG

ARBEITSBLATT 4c
➤ S. 35 f.

Unterrichtsschritt. Der dritte Arbeitsauftrag auf ARBEITSBLATT 4c nimmt die atmosphärische Gestaltung in den Blick: direkte und indirekte Darstellungsweisen werden herausgearbeitet. Die Schülerinnen und Schüler werden sich der assoziativen Wirkung der im Gedicht gestalteten Bilder bewusst, die über die verschiedenen Sinneswahrnehmungen des Hörens, Sehens und Riechens vermittelt werden, teils in Ich-Form, teils ohne Bezug auf das lyrische Ich.

ARBEITSBLATT 4c
➤ S. 35 f.

Hausaufgabe: Gedichtinterpretation verfassen

Die Hausaufgabe, eine Gedichtinterpretation verfassen, ist eine Transferaufgabe (ARBEITSBLATT 4c, Arbeitsaufträge 4 und 5). Aufgrund des Umfangs sollte dafür entsprechend viel Zeit eingeräumt werden. Die Aufgabe resümiert die Ergebnisse der Stunde, stellt die neuen Formen der Kunst/Lyrik ins Zentrum und konfrontiert die Schülerinnen und Schüler mit einer zukunftsweisenden poetologischen Aussage. Auch für ein detailliertes Besprechen der Aufgabe sollte im weiteren Unterrichtsverlauf genügend Zeit eingeräumt werden.

ARBEITSBLATT 4a

Detlev von Liliencron: *Lebewohl an meinen verstorbenen Freund, Herrn Naturalismus*

(1897)

Widerliches Wort: Gekose,
Leider reimt es sich auf Rose.
Immer auch die Herzenschmerzen,
Sanft beglänzt von Unschlittkerzen;
Und die lieben Sonnenwonnen,
Eingesargt in Pökeltonnen.
Nimm die Muse bei der Hand,
Drück sie feste an die Wand,
Küsse ihr den weißen Nacken,
Küsse ihr die frischen Backen.
Lachen wird ihr roter Mund,
Und besiegelt ist der Bund.

Leben Sie wohl! Ach, es war doch so schön,
als wir damals »zusammen« gingen,
Sie und Ihr alter Freund
1887–1897. Detlev Liliencron.

50 Gedichte um 1900. Naturalismus – Fin de Siècle – Frühexpressionismus.
Hrsg. von Gabriele Sander. Stuttgart: Reclam, 2023. S. 17

Worterläuterungen:
1 **Gekose:** kosen: küssen, liebkosen | 4 **Unschlittkerzen:** Unschlitt: Fettgewebe von Rindern oder Hammeltalg; Kerzen von schlechterer Qualität als Bienenwachskerzen | 6 **Pökeltonnen:** pökeln: mithilfe von Salz haltbar machen | 7 **Muse:** Die Musen sind in der griech. Mythologie Schutzgöttinnen der Künste.

Arbeitsauftrag:
Untersuchen Sie die sprachliche und stilistische Gestaltung des Gedichts und beantworten Sie die folgenden Fragen:
1. Von welchen lyrischen Darstellungsweisen verabschiedet sich der Sprecher?
2. Welche Forderungen stellt der Sprecher an den Dichter?
3. Bestimmen Sie die Funktion der Ironie in diesem Gedicht.

ARBEITSBLATT 4b

Poetologische Überlegungen der jungen Dichtergeneration: Arno Holz' *Revolution der Lyrik* (1899)

»Als die jungen Dichter der achtziger Jahre mitten im deutschen Literaturfrieden plötzlich über die aufgeschreckte Bourgeoisie herfielen und die Gelbveiglein aus ihren Versen reuteten, um dafür Kartoffeln zu pflanzen, glaubten sie damit die Lyrik, wie der Kunstausdruck lautete, ›revolutioniert‹ zu haben. [...] Dass wir Kuriosen der ›Modernen Dichtercharaktere‹ damals die Lyrik ›revolutioniert‹ zu haben glaubten, war ein Irrtum; und vielleicht auch nur deshalb verzeihlich, weil er so ungeheuer naiv war.«

Arno Holz: Die Revolution der Lyrik. Berlin: Sassenbach, 1899. S. 21 ff.

»Eine Lyrik, die auf jede Musik als Selbstzweck verzichtet und die, rein formal, lediglich durch einen Rhythmus getragen wird, der nur noch durch Das lebt, was durch ihn zum Ausdruck ringt. Eine solche Lyrik, die von jedem überlieferten Kunstmittel absieht, nicht, weil es überliefert ist, sondern, weil sämtliche Werte dieser Gruppe längst aufgehört haben, Entwicklungswerte zu sein, habe ich in meinem Buche versucht.«

Ebd. S. 26.

»Wozu noch der Reim? Der Erste, der – vor Jahrhunderten! – auf Sonne Wonne reimte, auf Herz Schmerz und auf Brust Lust, war ein Genie; der Tausendste, vorausgesetzt, dass ihn diese Folge nicht bereits genierte, ein Kretin.«

Ebd. S. 26.

»Ähnlich die Strophe. Wie viele prachtvolle Wirkungen haben nicht ungezählte Poeten Jahrhunderte lang mit ihr erzielt! Wir alle, wenn wir Besseres nicht zu tun wissen und alte Erinnerungen locken, wiegen uns noch in ihr. Aber eben so wenig wie die Bedingungen stets die selben bleiben, unter denen Kunstwerke geschaffen werden, genau so ändern sich auch fortwährend die Bedingungen, unter denen Kunstwerke genossen werden. Unser Ohr hört heute feiner. Durch jede Strophe, auch durch die schönste, klingt, sobald sie wiederholt wird, ein geheimer Leierkasten. Und grade dieser Leierkasten ist es, der endlich raus muss aus unsrer Lyrik.«

Ebd. S. 27.

»Sie [die ›Freien Rhythmen‹] mögen meinetwegen von allem frei sein, von dem man wünscht, dass sie's sein sollen; nur nicht von jenem falschen Pathos, das die Worte um ihre ursprünglichen Werte bringt. Diese ursprünglichen Werte den Worten aber gerade zu lassen und die Worte weder aufzupusten noch zu bronzieren oder mit Watte zu umwickeln, ist das ganze Geheimnis.«

Ebd. S. 28.

Arno Holz: *Rote Dächer!*

Rote Dächer!
Aus den Schornsteinen, hier und da, Rauch,
oben, hoch, in sonniger Luft, ab und zu, Tauben.
Es ist Nachmittag.
Aus Mohdrickers Garten her gackert eine Henne,
die ganze Stadt riecht nach Kaffee.

Ich bin ein kleiner, achtjähriger Junge
und liege, das Kinn in beide Fäuste,
platt auf dem Bauch
und kucke durch die Bodenluke.
Unter mir, steil, der Hof,
hinter mir, weggeworfen, ein Buch.
Franz Hoffmann. Die Sclavenjäger.

Wie still das ist!

Nur drüben in Knorrs Regenrinne
zwei Spatzen, die sich um einen Strohhalm zanken,
ein Mann, der sägt,
und dazwischen, deutlich von der Kirche her,
in kurzen Pausen, regelmäßig, hämmernd,
der Kupferschmied Thiel.

Wenn ich unten runtersehe,
sehe ich grade auf Mutters Blumenbrett:
ein Topf Goldlack, zwei Töpfe Levkojen, eine Geranie
und mittendrin, zierlich in einem Zigarrenkistchen,
ein Hümpelchen Reseda.

Wie das riecht? Bis zu mir rauf!

Und die Farben!
Jetzt! Wie der Wind drüber weht!
Die wunder, wunderschönen Farben!

Ich schließe die Augen. Ich sehe sie noch immer.

Arno Holz: Phantasus. Erstes Heft. Berlin: Sassenbach, 1898. S. [19].

Worterläuterungen:
13 Franz Hoffmann: Volksschriftsteller und Buchhändler | **23 Levkojen:** üppig blühende Bauerngartenpflanze | **25 Hümpelchen:** Menge, hier: Büschel | **25 Reseda:** Pflanze mit intensiv riechenden Blüten.

Arbeitsaufträge:

1. a) Sprechen Sie dieses Gedicht laut. Erproben und diskutieren Sie in einer Lerngruppe ihre individuellen Vortragsweisen.
   *b) Beziehen Sie die folgende Aussage des Dichters in Ihre Diskussion ein. Arno Holz in seinem Aufsatz »Idee und Gestaltung des Phantasus«:

   »Was dann den schönen Aberglauben zeitigte, ›wahre‹ Lyrik dürfe nie ›lang‹ sein. Ein Hauch, ein Kaum-mehr-als-Nichts, eine Art Entleichterungsvergnügen für seelische Asthmatiker.« (»Idee und Gestaltung des Phantasus«, in: *Zeitschrift für Bücherfreunde* N. F. 10, 1918, S. 117.)

2. Lesen Sie die Aussage des Dichters Arno Holz zu »Idee und Gestaltung des Phantasus«:

   »Ich nenne das durch diese ›unsichtbare Mittelachse‹ erzeugte ›sichtbare Etwas‹ das Ohrbild eines Gedichtes. Seine gewissermaßen ›typografische Musik‹ verrät mir, falls in dem Ganzen noch irgendwo heimlich ein Fehler steckt, diesen Fehler schon immer ›rein von außen‹! Je gegliederter ein ›Inhalt‹, um so gegliederter sein Ohrbild.« (Ebd., S. 120 f.)

   Wie interagieren die visuelle Darstellung und der Inhalt miteinander? Beschreiben Sie anschließend die Wirkung des »Ohrbildes«.
3. Wie fängt Arno Holz sprachlich die Augenblicke ein und setzt sie atmosphärisch um? Arbeiten Sie direkte und indirekte Darstellungsweisen heraus.
4. Diskutieren Sie die Kunstauffassung von Arno Holz und setzen Sie diese in Bezug zum Gedicht *Rote Dächer!*:

   »Ich gestalte und forme die ›Welt‹, sagte ich mir, wenn es mir gelingt, den Abglanz zu spiegeln, den sie mir in die ›Seele‹ geworfen! Und je reicher, je mannigfaltiger, je vielfarbiger ich das tue, um so treuerer, um so tiefer, um so machtvoller wird mein Werk!« (Ebd., S. 117.)

5. Interpretieren Sie das Gedicht. Beziehen Sie dazu Ihre Erfahrungen aus dem Gedichtvortrag sowie einzelne Aussagen des Dichters Arno Holz aus den vorigen Aufgaben ein.

5 Mit Sprache malen oder wie Sprache das beim Sehen Gefühlte zeigt

Zu: Max Dauthendey, *Die Schlafende unterm Nussbaum*, 1910 (➤ *50 Gedichte um 1900*, S. 42, ➤ ARBEITSBLATT 5b, S. 42 f.)

Sachanalyse

Der Begriff »Impressionismus« bezieht sich zunächst auf die bildende Kunst und wird dann auf die Literatur übertragen. Somit ändert sich das Trägermedium vom Bild zur Sprache, und es stellt sich die Frage, welche sprachkünstlerischen Techniken zur Gestaltung impressionistischer Dichtung eingesetzt werden. Ausgehend von der bildenden Kunst sollen Möglichkeiten und Kategorien anhand des folgenden Bild-Text-Vergleichs vorgestellt werden: In Alfred Sisleys *Nussbäume bei Sablons* (1885) werden Licht und Form mit individuellen und parallel verlaufenden Pinselstrichen in unterschiedlichen Längen und Breiten mit überwiegend verschiedenen Grün- und Brauntönen gestaltet: Der Signifikant löst sich vom Signifikat. Diese Art der Flächengestaltung betont deren Selbständigkeit. Die dargestellten Bäume, Wiesen und Landschaftselemente bleiben erkennbar, wenngleich sie in den Übergängen ineinanderlaufen und sich verlieren. Eine scharfe Konturierung fehlt; vielmehr kann eine Technik der Farbtupfen und -striche, die in der Fläche als Bild wirken, beobachtet werden. So zeichnet sich in der Kunst der Weg in eine abstrakte Ungegenständlichkeit ab.

Die Künstlerinnen und Künstler des Impressionismus geben ihren subjektiven Eindruck der Realität in ihren Werken wieder. Arno Holz fasst dies für das lyrische Schaffen in folgenden Worten zusammen: »Ich gestalte und forme die ›Welt‹, sagte ich mir, wenn es mir gelingt, den Abglanz zu spiegeln, den sie mir in die ›Seele‹ geworfen! Und je reicher, je mannigfaltiger, je vielfarbiger ich das tue, um so treuerer, um so tiefer, um so machtvoller wird mein Werk!« (*Idee und Gestaltung des Phantasus*, S. 87 f.) Für die Darstellung der subjektiven Sicht auf die Welt und den subjektiven Ausdruck greifen die Dichterinnen und Dichter zu verschiedenen Mitteln: In der feinsten Aufnahmefähigkeit der Sinne, in ausdifferenzierten Hör- oder Seheindrücken werden Schattierungen des Sichtbaren und Unsichtbaren so treffend wie möglich wiederzugeben versucht. Dabei bedarf es einer sorgfältigen Wahl treffender Worte. Besonders die Wortarten Adjektiv und Verb treten in den Vordergrund. Sprachliche Bilder werden kühn komponiert, so dass sich eine Verselbständigung einzelner Elemente beobachten lässt. Grundsätzlich kann die Strömung des Naturalismus als Wegbereiter des Impressionismus gesehen werden: Strukturen und Mechanismen der Sprache wurden im Prozess der Loslösung von konventionellen »Regeln« entdeckt und veranlassen die Autorinnen und Autorinnen des Impressionismus, die Themen nicht nur »von außen«, sondern »aus sich selbst heraus« weiterzuentwickeln. Es besteht – damit gehen die Impressionisten über den Naturalismus hinaus – eine Zielvorstellung: das innerlich Empfundene/Erlebte in sprachliche Form zu verwandeln.

Das 1910 erstmals in der Gedichtsammlung *Weltspuk* (München: Albert Langen) erschienene Gedicht *Die Schlafende unterm Nussbaum* von Max Dauthendey (1867–1918) besteht optisch aus einem einzigen Versblock, der sich aus 23 Versen zusammensetzt und freirhythmisch gehalten ist. Ein individuelles Reimbild, das aus umarmenden, Paar- und Kreuzreimen besteht, verbindet über Satzgrenzen hinweg einzelne Verse und verschränkt diese miteinander. Besonders auffällig ist die Reimhäufung auf »-aum« zu Beginn (V. 2, 5, 6: »Sommerraum«, »Schaum«, »Traum«) und am Ende (V. 20, 22, 23): »Saum«, »Weltenraum«, »Flaum«. V. 3 (»geweitet«) und der drittletzte Vers, V. 21 (»unendlich«), bleiben reimlos (Waisen). Das weist bereits auf die Grundstruktur hin: eine um eine Mittelachse (V. 12) organisierte Dreiteiligkeit: V. 1–7 sprechen ein »Du« an; im Mittelpunkt steht das Themenfeld Schlaf/Traum/Schatten; die Atmosphäre ist friedlich. V. 8–16 thematisieren im Blick auf abgemähte Blumen Tod/Verdorren/Hitze, bilden also einen starken Kontrast; im Zentrum steht die Metapher der »Sichelblitze« (V. 12), zugleich ein Neologismus. Ab V. 17 kehrt der Blick wieder zurück zum »Du«, ein Vergleich zwischen Tod und Schlaf rundet das Gedicht ab. Die Scharniere zwischen diesen Teilen bilden Vergleiche mit »wie«: »Still, wie gestorben« (V. 7) bringt das neue Thema ins Spiel; »Wie du im Schlaf« (V. 17) lenkt die Aufmerksamkeit wieder zurück auf das »Du« und den Schlaf. Weitere spiegelbildliche Entsprechungen können beobachtet werden, etwa die Ansprache »mit Dir« (V. 9) und entsprechend »wie Du« (V. 15). Wie in der impressionistischen Malerei fehlt aber eine scharfe Konturierung: Die Motive sind verschränkt, Übergänge sind fließend und können auch innerhalb eines Satzes stattfinden.

Der Titel lässt den Rezipienten die Position eines außenstehenden Betrachters einnehmen. Ein lyrisches Ich tritt nicht direkt in Erscheinung – aus der Position einer weiteren Instanz, die das lyrische Ich mit Du anspricht, wird der Rezipient in die friedliche Szenerie eingeführt, die sich über die ersten sechs Verse langsam entfaltet. Das lyrische Ich betrachtet eine »Schlafende« unter dem Nussbaum, der sie im »Sommerraum« (V. 2) vor der Hitze »behüten« (V. 4) muss und sie träumen lässt. Auffällig ist die dazu passende Klangqualität der Vokale: Es überwiegen dunkle Vokale bzw. Diphthonge: ›u‹ (›ü‹), ›au‹, ›o‹, die sich synästhetisch mit dem dunklen, behütenden Schatten verbinden.

Das vorangestellte »Still« in V. 7 fasst die bisher entworfene Szenerie in einem Wort zusammen, wird noch einmal zum Ruhepunkt und lässt den Rezipienten verweilen. Der nachgestellte Vergleich »wie gestorben« setzt die Schlafende mit einer Toten gleich. Es folgt die radikale thematische und atmosphärische Verschiebung von ›Schlaf‹ zu ›Tod‹, synästhetisch erfahrbar durch die Änderung der Klangqualität: Es dominiert nun das ›i‹ (»Hitze«, »Sinnen«, »Sichelblitze«, »minnen«, »Sitze«, »Augenritze«), oft verbunden mit dem scharfen Reibelaut ›[t]z‹. Der Vergleich wird durch die neu aufgerufenen Bilder (z. B. »das stille Heu«, »es dörren [...] Blumen«) mit allen Sinnen erfasst. Die Farbwerte ändern sich von »grün» (V. 1) zum selten gebrauchten, der gehobenen Sprache angehörenden und damit auffälligen »falb« (›fahlgelb‹, ›graugelb‹). Der Chiasmus »draußen trocknet (V. 8) – »dörren drinnen« (V. 10) unterstützt durch die Wiederholung der dumpfen, wenngleich leise klingenden Laute die vor dem inneren Auge entworfene Szenerie. Das Heuen erfährt in der Metapher »Sichelblitze« eine besondere Poetisierung und lässt an Lichtpunkte impressionistischer Maler denken. Die Blumen der Heumahd werden zum Vergleichsbild mit der Schlafenden. Das ebenfalls gehobene Verb »minnen« ruft eine weitere Assoziation hervor: den mittelalterlichen Minnesang. Es wird ein vielschichtiger Bildkomplex beim Leser wachgerufen, der Bildeindrücke und Atmosphäre seinerseits ähnlich wie der Sprecher des Gedichts assoziiert – ausgehend von der eigenen Erlebniswelt.

In V. 17–19 lenkt das lyrische Ich als Beobachter den Blick wieder auf das »Du«, das im Unterschied zu den Blumen zumindest »[s]ein Herz bewegt«. Die letzten drei Verse – abgetrennt durch einen Gedankenstrich V. 20 – vergleichen »Tote und Schlafende« (V. 21) explizit: Gemeinsam ist ihnen: »sie sind unendlich, / Sind kaum noch Schaum im Weltenraum« (V. 21 f.), ein poetisches Bild, in dem die Unendlichkeit der Traumwelt (vgl. V. 5 f.) und des Todes mit dem gleichzeitigen Vergehen (»kaum«, »Schaum«) verbunden ist. Der letzte Vers versetzt den Rezipienten wieder von diesen Gedanken zurück und gibt dem Schlaf ein neues Bild: »vom Tod der Flaum«. Sanft und weich sind die Zeichnung der Naturbilder und Metaphern, die Dauthendey entwirft. Sie werden durch optische (Farben) und auditive (Geräusche) Synästhesien verstärkt. So entstehen in diesem Gedicht komplexe Verweise, die die Empfindungen in besonderer Weise ausdrücken. Obwohl die entworfenen Bilder eigenständig stehen, bleiben die Bildkomplexe durch ihre vielfältigen Verweise miteinander verbunden. Es entsteht ein Gesamtbild, das den Übergang zwischen Schlaf und Tod immer wieder verschwimmen lässt.

Unterrichtsverlauf

Überblick. Die Schülerinnen und Schüler erkennen die Andersartigkeit der Medien Bild und Sprache und erarbeiten über eine differenzierte Sprachbetrachtung am Beispiel des Gedichts von Max Dauthendey Merkmale des literarischen Impressionismus, die in der Erstellung einer lyrischen Landkarte angewandt werden.

Phase	Thema	Sozialform	Kompetenzen/Lernziele	Materialien
5.1	Einstieg: Zitat zur Rekapitulation und Reflexion	UG	• Rekapitulation und Reflexion vorangegangener Inhalte und deren Vertiefung	VORLAGE 5 ➤ S. 39
5.2	Erarbeitung 1: Erstellen einer Adjektivlandkarte zum Gemälde *Nussbäume bei Sablons* von Alfred Sisley	GA	• Genaues Betrachten eines Gemäldes üben • Wortschatzarbeit	ARBEITSBLATT 5a ➤ S. 41
5.3	Sicherung 1: Präsentation der Gruppenergebnisse	UG	• Präsentation der Ergebnisse	ARBEITSBLATT 5a ➤ S. 41
5.4	Transfer 1: Zusammenführen der Ergebnisse	UG / LSG	• Zusammenführen der Ergebnisse	VORLAGE 5 ➤ S. 39 ARBEITSBLATT 5a ➤ S. 41

5.5	Erarbeitung 2: Erste Textbegegnung	LV / EA / PA	• Auditive Gedichtrezeption üben • Stilles Lesen	ARBEITSBLATT 5b ➤ S. 42 f.
5.6	Erarbeitung 3: Erfassen relevanter Kriterien zur Erschließung der impressionistischen Sprache	EA	• Exzerpieren und Vorstellen des Ergebnisses	ARBEITSBLATT 5b ➤ S. 42 f.
5.7	Sicherung 2: Zusammenfassen der Ergebnisse	UG / LSG	• Vergleichen und Diskutieren der Ergebnisse	ARBEITSBLATT 5b ➤ S. 42 f.
5.8	Transfer 2: Lyrische Landkarte erstellen	PA	• Erstellen einer lyrischen Landkarte	ARBEITSBLATT 5b ➤ S. 42 f.
HA	Gedichtinterpretation	EA	• Eine aspektgeleitete Gedichtinterpretation verfassen	ARBEITSBLATT 5b ➤ S. 42 f.

5.1 Einstieg: Zitat zur Rekapitulation und Reflexion

Unterrichtsschritt. Den Schülerinnen und Schülern wird das Zitat VORLAGE 5 ***Arno Holz über seine Arbeitsweise*** gezeigt. Dies wird im gemeinsamen Unterrichtsgespräch zunächst geklärt. Dabei sollen die Schülerinnen und Schüler auf ihr in der vorigen Stunde erworbenes Wissen zurückgreifen und dies anwenden. Es ist gewünscht, dass die Schülerinnen und Schüler eigene Beispiele zur Erläuterung heranziehen und so ins Gespräch kommen.

UG

VORLAGE 5
➤ S. 39

VORLAGE 5

Arno Holz über seine Arbeitsweise

»Ich gestalte und forme die ›Welt‹, sagte ich mir, wenn es mir gelingt, den Abglanz zu spiegeln, den sie mir in die ›Seele‹ geworfen! Und je reicher, je mannigfaltiger, je vielfarbiger ich das tue, um so treuerer, um so tiefer, um so machtvoller wird mein Werk!«

Arno Holz: Idee und Gestaltung des Phantasus. In: Zeitschrift für Bücherfreunde N. F. 10 (1918) S. 117.

5.2 Erarbeitung 1: Erstellen einer Adjektivlandkarte zum Gemälde *Nussbäume bei Sablons* von Alfred Sisley

Unterrichtsschritt. Die Schülerinnen und Schüler erhalten in Gruppen das ARBEITSBLATT 5a ***Alfred Sisley: »Nussbäume bei Sablons«*** (in Farbe, gegebenenfalls wird es digital gezeigt). Zunächst erfolgt eine kurze mündliche Beschreibung des Gemäldes innerhalb der Gruppe zur Klärung des Gegenstands. Anschließend erstellt jede Gruppe eine Adjektivlandkarte; dies dient der detaillierten und individuellen Schulung der Bildwahrnehmung. Neben nuancierten Farbadjektiven werden Adjektive zur Maltechnik und künstlerischen Gestaltung erwartet. In einem zweiten Erarbeitungsschritt beschreiben die Schülerinnen und Schüler das Bild als Stimmungsraum; assoziativ sollen die Sinneswahrnehmungen bei der Betrachtung des Bildes als Stimmungsraum notiert werden (Arbeitsaufträge 1–3).

GA

ARBEITSBLATT 5a
➤ S. 41

Erläuterungen zur Methode. Die Schülerinnen und Schüler erhalten Kärtchen oder Post-Its, die mit Eigenschaften beschriftet werden, die sich auf ausgewählte Bildbereiche beziehen. Diese können bei einer ausreichend großen Reproduktion des Gemäldes direkt auf den entsprechenden Bildflächen angebracht werden oder parallel dazu auf einem weiteren Blatt aufgelegt werden. So entsteht eine Landkarte, die anschließend ausgewertet werden kann: Zusammenhänge von Farbgebung, Formensprache etc. werden sichtbar und stellen eine Grundlage für interpretatorische Aussagen und Wirkabsichten dar. Diese werden in einem zweiten Arbeitsschritt formuliert und als »zweite Ebene« am Rahmen des Gemäldes notiert.

5.3 Sicherung 1: Präsentation der Gruppenergebnisse

UG

ARBEITSBLATT 5a
➤ S. 41

Unterrichtsschritt. Die Schülerinnen und Schüler präsentieren die Adjektivlandkarten sowie ihre formulierten Sinneswahrnehmungen (ARBEITSBLATT 5a, Arbeitsauftrag 4).

5.4 Transfer 1: Zusammenführen der Ergebnisse

UG / LSG

VORLAGE 5
➤ S. 39
ARBEITSBLATT 5a
➤ S. 41

Unterrichtsschritt. Im Unterrichtsgespräch (gegebenenfalls im entwickelnden Lehrer-Schüler-Gespräch) wird das im Einstieg erläuterte Zitat von Arno Holz (VORLAGE 5) mit der Wirkung des Bildes (ARBEITSBLATT 5a) in Bezug gesetzt. Die Schülerinnen und Schüler können das Prinzip impressionistischer Kunst in eigene Worte fassen und erläutern.

5.5 Erarbeitung 2: Erste Textbegegnung

LV / EA / PA

ARBEITSBLATT 5b
➤ S. 42 f.
Lösungshinweise
➤ S. 113 f.

Unterrichtsschritt. Die Schülerinnen und Schüler hören das von der Lehrkraft vorgetragene Gedicht Max Dauthendeys *Die Schlafende unterm Nussbaum* (M 1 auf ARBEITSBLATT 5b ***Eine lyrische Landkarte erstellen***). Leitfrage: Wie erleben Sie das Gedicht vor Ihrem inneren Auge? Anschließend wird das Gedicht in Einzelarbeit still gelesen. Die Schülerinnen und Schüler tauschen sich anschließend mit einer Lernpartnerin oder einem Lernpartner über die Wahrnehmungssituation aus (Arbeitsaufträge 1–2).

5.6 Erarbeitung 3: Erfassen relevanter Kriterien zur Erschließung der impressionistischen Sprache

EA

ARBEITSBLATT 5b
➤ S. 42 f.

Unterrichtsschritt. Die Schülerinnen und Schüler erschließen den Text M 2 auf ARBEITSBLATT 5b, z. B. indem sie ein Exzerpt anfertigen oder eine prägnante Zusammenfassung erstellen (Arbeitsauftrag 3).

5.7 Sicherung 2: Zusammenfassen der Ergebnisse

UG / LSG

ARBEITSBLATT 5b
➤ S. 42 f.

Unterrichtsschritt. Die Ergebnisse zu Arbeitsauftrag 3 (ARBEITSBLATT 5b) werden im Plenum zusammengetragen. Im Lehrer-Schüler-Gespräch werden mögliche Fragen geklärt. Gegebenenfalls wird der Begriff der Synästhesie zusätzlich eingeführt (Vermischen von Sinneswahrnehmungen, hier etwa die Verbindung von Klangqualitäten der Vokale dunkel/hell mit Beobachtungen in der Natur: »Schatten« bzw. »Sonnenschein« sowie entsprechender Bewertungen: Schutz bzw. Verdorren).

5.8 Transfer 2: Lyrische Landkarte erstellen

PA

ARBEITSBLATT 5b
➤ S. 42 f.

Unterrichtsschritt. Die Schülerinnen und Schüler wenden die Methode der Bilderschließung sowie das im Sachtext erworbene Wissen zur Erschließung des Gedichts an und erstellen eine lyrische Landkarte. Hinzu kommt der Aspekt der Synästhesie, die dazu beiträgt, das beim Sehen Gefühlte zu zeigen (ARBEITSBLATT 5b, Arbeitsauftrag 4).

ARBEITSBLATT 5b
➤ S. 42 f.

Hausaufgabe: Gedichtinterpretation

Die Schülerinnen und Schüler interpretieren das Gedicht. Ein besonderer Fokus soll auf die Sprachbetrachtung gelegt werden (ARBEITSBLATT 5b, Arbeitsauftrag 5). Für ein detailliertes Besprechen der Interpretation sollte im weiteren Unterrichtsverlauf genügend Zeit eingeräumt werden.

ARBEITSBLATT 5a

Alfred Sisley: *Nussbäume bei Sablons*

Alfred Sisley, *Nussbäume bei Sablons*, 1885 (Privatbesitz)

Arbeitsaufträge:

1. Betrachten Sie das Gemälde und beschreiben Sie es kurz.
2. Legen Sie eine Adjektivlandkarte für dieses Gemälde an.
3. Betrachten Sie das Bild als Stimmungsraum: Erweitern Sie Ihre Landkarte um weitere Adjektive zu Sinneseindrücken, die bei der Betrachtung entstehen. Halten Sie diese auf weiteren Karten, die Sie als Rahmen um das Gemälde legen, fest.
4. Stellen Sie sich gegenseitig Ihre Landkarten vor und diskutieren Sie die Bildwirkung.

Eine lyrische Landkarte erstellen

Zu Max Dauthendey: ***Die Schlafende unterm Nussbaum*** **(1910)**

M 1

MAX DAUTHENDEY

Die Schlafende unterm Nussbaum

Der grüne Nussbaum, mit den grünen Nüssen,
Steht ausgebreitet in dem Sommerraum,
Mit seinen Blätterschirmen rund geweitet,
Die lautlos Deinen Schlaf behüten müssen.
Und nur der Wolke dunstiger Schaum
Begleitet in die Ferne Deinen Traum.
Still, wie gestorben, liegst Du in dem Blätterhaus,
Und draußen trocknet Heu im Sonnenschein,
Es schläft das stille Heu sich mit Dir aus;
Es dörren drinnen Blumen falb und klein,
Sie wurden all' von Hitze ganz von Sinnen
Und starben alle unterm Sichelblitze.
Sie ließen sich vom Tode minnen
Und fielen um auf ihrem grünen Sitze,
Schlossen, wie Du, die helle Augenritze
Und liegen da mit stillen Rumpfen,
Wie Du im Schlaf, im dumpfen,
Unter den Nussbaum Deinen Leib gelegt,
Indes Dein Traum allein Dein Herz bewegt
Und mit der Wolke hinzieht an der Erde Saum. –
Tote und Schlafende, sie sind unendlich,
Sind kaum noch Schaum im Weltenraum,
Doch ist der Schlaf nur wie vom Tod der Flaum.

50 Gedichte um 1900. Naturalismus – Fin de Siècle – Frühexpressionismus.
Hrsg. von Gabriele Sander. Stuttgart: Reclam, 2023. S. 42

Worterläuterung:
10 falb: fahlgelb, graugelb.

M 2 Hartmut Marhold: »Impressionistische Dichtung«

»Man würde also eine impressionistische Sprachkunst daran erkennen können, dass sie um Wiedergabe empirischer Wahrnehmungen bemüht ist, dass sie aber vor allem sprachliche Nuancen zu ihrer eigentlichen ästhetischen Attraktion macht. […] [Auf der lexikalischen Ebene] gibt es tatsächlich vielfältige Möglichkeiten der Nuancierung. Die Sprache hat aber darüber hinaus noch viel mehr strukturelle Möglichkeiten, mehr als auch etwa die Farbe. Die phonologische, die grammatische, die syntaktische Ebene sprachlicher Gestaltung kommen zur lexikalischen hinzu, desgleichen parasprachliche Zeichen wie Satzzeichen oder Druckbild […]. Alle zusammen können genutzt werden, um einen Stil, eine Sehweise, um Impressionismus zu verwirklichen.

Auf der phonologischen Sprachebene beispielsweise bietet sich der unreine Reim an, um Nuancen sprachlich erlebbar zu machen. Im Gegensatz zum reinen Reim, der gleichlautende Vokale zusammenordnet, lässt der unreine Reim eine minimale Differenz zu, eine phonologische Nuance. Ebenso können Impressionisten im Stilmittel der Alliteration eine Chance sehen, von einem gleichartigen phonologischen Ausgangspunkt aus divergierende Klangfolgen abzuleiten und auf diese Weise Gleichartigkeit und Ähnlichkeit zu unterscheiden.

Die lexikalische Ebene bietet die Möglichkeit […], indem sie verschiedene, fast, aber eben nicht genau gleiches bedeutende Wörter bereitstellt […]. [Man kann] Abstände zwischen Wortfeldnachbarn verringern, indem man verschiedene Worte kombiniert, zusammengesetzte Wörter bildet. Man kann aber auch und darüber hinaus minimale Bedeutungsveränderungen einzelner Wörter im Laufe eines Textes gestalten. Jedes Wort erhält seine genaue […] Bedeutung im Kontext mit anderen Wörtern, und da dieser Kontext sich ständig ändert, ja bei der Wiederholung eines Wortes im Laufe eines Textes schon wieder ein anderer ist, könnten Impressionisten diese Chance minimaler Differenzierung nutzen, um das Erlebnis der Nuance im Medium der Sprache mitteilbar zu machen. […] Ebenso interessant ist die Differenz zwischen Verben, Adjektiven und der intermediären Wortart der Partizipien für den Impressionismus.«

Hartmut Marhold: Einleitung: Impressionistische Dichtung. In: Gedichte und Prosa des Impressionismus. Hrsg. von H.M. Stuttgart: Reclam, 1991. S. 20 f.

Arbeitsaufträge:

1. Hören Sie das Gedicht. Wie erleben Sie das Gedicht vor Ihrem inneren Auge?
2. Lesen Sie das Gedicht: Beschreiben Sie die Wahrnehmungssituation.
3. Erarbeiten Sie sich, ausgehend vom beigefügten Textauszug aus »Impressionistische Dichtung« von Hartmut Marhold, Kriterien zur Beobachtung sprachlicher Phänomene in der impressionistischen Dichtung. Klären Sie gegebenenfalls vorab unbekannte Begriffe.
4. Legen Sie für das Gedicht eine lyrische Landkarte an, die die zentralen Elemente der lyrischen Sprache impressionistischer Dichtung berücksichtigt. Wie gelingt es Max Dauthendey, das beim Sehen Gefühlte zu zeigen (Synästhesien)?
5. Interpretieren Sie das Gedicht unter besonderer Berücksichtigung der Umsetzung impressionistischer Sprachkunst.

6 Der Gratwanderer Stefan George: Von der Rezeption als ästhetischer Erfahrung zu einem Gedichtverständnis gelangen

Zu: Stefan George, *Im windes-weben*, 1907 (➤ ARBEITSBLATT 6a, S. 48)

Sachanalyse

Stefan George (1868–1933) tritt ausschließlich als Lyriker in Erscheinung. Er vertritt ein Ideal strenger Schönheit und unternimmt eine Gratwanderung zwischen Tradition und Moderne: Seine Gedichte weisen Dissonanzen sowohl im Bereich des Klangs sowie der Bildmotive auf, gleichzeitig wird die Erschaffung von Harmonie angestrebt. Die Auswahl seltener Worte, eine feine »Kunstsprache«, gewollte Unklarheiten und Andeutungen, die nicht vollständig erklärt werden können, sind charakteristisch für seine Texte. Er verwendet oft kurze, gern sogar einsilbige Wörter. Seine Sprache wirkt dadurch hart, knapp und exakt komponiert. Ein hohes Maß an Individualität zeigt sich an den gewählten Themen, die oft exotisch oder antiken Ursprungs sind. Bewusste Verfremdungen, gewollter Traditionsbruch stiften hier einen neuen Sinn. Im Strophenbau bleibt Stefan George formstreng. Eine Besonderheit seiner Gedichte ist die gemäßigte Kleinschreibung. Auch seine Interpunktion ist ungewöhnlich; so verwendet er z. B. einen Hochpunkt als weniger scharf trennendes Satzzeichen. Seit 1904 wurden seine Werke mit einer eigenen Schrifttype gedruckt, der sogenannten Stefan-George-Schrift (s. VORLAGE 6).

Das Gedicht *Im windes-weben* erschien erstmals in der Sammlung *Der Siebente Ring* im Jahr 1907. Der Impressionismus klingt noch an, beispielsweise in Augenblickswahrnehmungen (etwa »nasser nacht« V. 6); aber bei genauer Betrachtung entfernt sich das Gedicht von dieser Strömung, da hier die Innerlichkeit und existenziell Bewegendes zum Thema wird. Gegenstand ist das Hingezogensein (»sehnen«, V. 12) des lyrischen Ich zum abwesenden Du: ein zartes Liebesgedicht über unerfüllte Liebe.

Das komplizierte Reimgebilde aus 12 kurzen Versen bricht mit dem volksliedhaften Paar- oder Kreuzreim der Romantik. Das Metrum ist fast durchgängig ein jambischer Zweiheber, teils mit männlicher (V. 1, 2, 5, 12), teils mit weiblicher Kadenz. Eine Abweichung davon ist nur in V. 10/11 zu beobachten: Trochäisches Metrum mit einem Dreiheber in V. 10 führt zu einer signifikanten Störung (der auch eine inhaltliche Funktion beigemessen werden kann – siehe dazu im Folgenden). Der erste Teil des Gedichts (V. 1–5) steht im Präteritum (»War«, V. 2): Es wird eine Erinnerung wiedergegeben. Der zweite Teil (V. 6–8) bildet den Übergang zur Gegenwart; der Gedankenstrich V. 7 markiert diesen Wechsel vom Partizip Perfekt »entfacht« (V. 7) zum Präsens »Nun drängt« (V. 8). Der dritte Teil (V. 9–12) nimmt das »Nun« auf (V. 10) und lenkt den Blick auf einen zukünftigen Dauerzustand: »Alle tage / In sehnen leben« (V. 11 f.).

Das Gedicht beginnt mit einer zunächst unspezifischen Verortung: »Im windes-weben«. Diese wird im Folgenden mit »nasser nacht« (V. 7) und »mai« (V. 9) konkreter als milder Frühlingswind erkennbar.[1] Die Alliteration des George'schen Neologismus setzt einen zauberhaften, zarten, romantischen Grundton, der sich mit den Signalwörtern »träumerei« und »lächeln« fortsetzt und im »weben« bereits das Motiv des (durch Liebe) Verbundenseins andeutet. Das angesprochene lyrische »du« (V. 5), auf das sich das erstmals im letzten Vers explizit gemachte »sehnen« richtet, ist nur in der rückblickenden Erinnerung des lyrischen Ich anwesend (»War«, V. 2): V. 1–5 beschreiben eine wortlose, aber intensive Begegnung, die für das lyrische Ich aber keine Erfüllung gebracht hat, wie das zweifache »Nur« am Versanfang V. 3/4 bereits andeutet. Es strukturiert zugleich den chiastischen Aufbau von »frage« des Ich (V. 2) und ›Antwort‹ des Du (»Was du gegeben«, V. 5). Die Antwort selbst, »Nur lächeln« (V. 4), bleibt aber vage: War es ein wissendes, verlegenes, ausweichendes oder unverbindliches Lächeln? Es bleibt auch offen, ob die »frage« des Ich überhaupt ausgesprochen wurde oder »[n]ur »träumerei« (V. 3) geblieben ist. Das Motiv des Traums, das hier angestoßen wird, ruft romantische Bilder ab, in denen der Traum als Erfüllung gedacht wird. Mit solch einer subjektiven Wirklichkeit von Traum, in der Fantasie und Hoffnung mitschwingen (vgl. etwa Brentanos *Wenn der lahme Weber träumet*), bricht George allerdings: Er bleibt eine Illusion.

Im Mittelteil (V. 6–8) vollzieht sich der Übergang in die Gegenwart des lyrischen Ich: »Nun« (V. 8) markiert einen Neuanfang, der sich auch im Satzbau abbildet: Der Gedankenstrich kennzeichnet ein Anakoluth, eine erste Störung der träumerischen Erinne-

1 In Goethes *Ach! um deine feuchten Schwingen* aus dem *West-östlichen Divan* (*Studienausgabe*, hrsg. von Michael Knaupp, Stuttgart 1999 [u. ö.], S. 182) ist der frühlingshafte Westwind Regenspender (Symbol der Fruchtbarkeit, vgl. hier V. 6: »Aus nasser nacht«) und durch sein »mildes sanftes Wehen« (V. 9 des Goethe-Gedichts) Trostspender für die getrennten Liebenden.

rung durch die gegenwärtige Realität. Zugleich werden aber Zusammenhänge hergestellt. Zunächst wird ein Resümee gezogen: Es wurde »[e]in glanz entfacht« (Partizip Perfekt). Dieses Resümee hat Auswirkung auf die Gegenwart: Es »drängt der mai«. Das Naturbild ist doppeldeutig: Einerseits wird ein Bild der im Frühling zu neuem Leben erwachenden Natur evoziert; der Frühlingsregen (»Aus nasser nacht«) treibt das Wachstum im Mai (Literalsinn). Sprachlich wird das Drängen vorbereitet durch die Repetition des ›a‹ in allen betonten Silben V. 6–7, verbunden mit der Alliteration »nasser nacht« und dem nur hier verwendeten Paarreim, was im Gegensatz zum zarten »weben« in V. 1–5 zu einer deutlichen Rhythmisierung und Beschleunigung des Sprechflusses anregt. Das Signalwort »mai« evoziert zugleich weitere Bedeutungsebenen: etwa ›Wonnemonat‹, Liebe, den sogenannten Natureingang, der im Minnesang häufig war. So lässt sich, die träumerische Begegnung »[i]m windes-weben« aufnehmend, der entfachte »glanz« und das Drängen auch allegorisch verstehen und kann auf das sich verstärkende Zuneigungsgefühl übertragen werden. In der Vorstellung vom Drängen enthalten ist der Aspekt des Widerstands. Anders als in der Natur findet es keine Erfüllung: Was sich bereits angedeutet hat (wiederholtes »Nur« in V. 3/4; Anakoluth in V. 6–8), kommt im letzten Abschnitt zur Sprache.

Er steht im Präsens. Das wiederholte »Nun« (V. 9) leitet aber mit einer Steigerung (»gar«, wohl als Kurzform für ›sogar‹) über in die Zukunft: Der beginnende Zustand »In sehnen leben« (V. 12) wird auf Dauer gestellt: Er gilt zukünftig für »[a]lle Tage« (V. 11). Dass es sich um einen Leidenszustand handelt, wird durch den Bruch des gleichmäßigen Metrums in V. 10/11 und durch eine raffinierte Satzkonstruktion angedeutet: Die vorangestellte Präposition »um« ist eigentümlich (man sehnt sich ›nach‹ etwas) und weckt die Assoziation an die üblichere Ergänzung ›Trauer‹, hier also: ›um verlorenes Glück‹. Der Gegenstand des Sehnens, das Pars pro toto »aug und haar« (V. 10) für den/die Geliebte/n, ist ebenfalls eine eigenwillige Verbindung Georges, in der lautlich die Paarformel »Haut und Haar« mitklingt, die für die Bedeutung ›vollständig‹ steht. Das zunehmende Drängen stößt auf vollständige Abwesenheit des/der Geliebten; es bleibt unerfülltes »sehnen«.

Kunstvoll bindet George den Schlussvers »In sehnen leben« mit einem Reim an den parallel konstruierten Eingangsvers des Gedichts »Im windes-weben« zurück: Die vorsichtig angekündigte Verbindung (»weben«) bleibt unerfüllt, nämlich ein melancholischer Gemütszustand (»sehnen«).

Das Gedicht steht in einer langen Tradition: Man denke etwa an die *Canzoniere* Petrarcas (Sonett 12 *Wenn sie erscheinet unter andern Schönen* oder Sonett 15 *Ein Tränenstrom floss von den Augenliden* an die verstorbene Geliebte Laura) oder die mittelalterliche Minnelyrik, in der die Unerfülltheit der Liebe konstitutiv ist.

Unterrichtsverlauf

Überblick. Die Schülerinnen und Schüler gelangen über die Hörwahrnehmung von Georges Gedicht *Im windes-weben* und die bewusste Lektüre im Literarischen Gespräch zur Entwicklung tragfähiger Deutungsansätze.

Phase	Thema	Sozialform	Kompetenzen/Lernziele	Materialien
6.1	Einstieg: Rezeption als ästhetische Erfahrung – der Gedichtvortrag	EA	• Auditive Gedichtrezeption	VORLAGE 6 ➤ S. 46
6.2	Erarbeitung: Bewusste Lektüre im Literarischen Gespräch	GA / UG	• Bewusste Gesprächslektüre mit ausführlicher Reflexion üben	ARBEITSBLATT 6a ➤ S. 48 ARBEITSBLATT 6b ➤ S. 49
6.3	Sicherung: Einen Deutungsansatz formulieren	PA / UG	• Formulierung eines eigenen Deutungsansatzes	ARBEITSBLATT 6a ➤ S. 48
6.4	Transfer: Verfassen einer Gedichtinterpretation	EA	• Darlegung des eigenen Verständnisses in Form einer Gedichtinterpretation	ARBEITSBLATT 6a ➤ S. 48 ARBEITSBLATT 6b ➤ S. 49

UG

VORLAGE 6
➤ S. 46
Internet-zugang

6.1 Einstieg: Rezeption als ästhetische Erfahrung – der Gedichtvortrag

Unterrichtsschritt mit Erläuterungen. Die Schülerinnen und Schüler hören Georges Gedicht *Im windes-weben*. Dies kann in Form eines Gedichtvortrags durch die Lehrkraft oder ein geeignetes Hördokument geschehen (z.B. auf YouTube in der Reihe der »Frankfurter Anthologie«, gelesen von Thomas Huber: youtu.be/8nhOvZwyPGA, Stand: 14.1.2023). Bei einem zweiten Hören kann zur Unterstützung der Text der Originalausgabe mit der Stefan-George-Schrift gezeigt werden: VORLAGE 6 ***Stefan George: »Im windes-weben« (1907)***. So tritt neben die auditive auch die visuelle ästhetische Erfahrung. Die Schülerinnen und Schüler werden aufgefordert, ihre Gedanken zum Gedicht in Stichworten zu notieren. Nach dem Hören findet ein kurzer Austausch darüber in einer Murmelphase statt.

VORLAGE 6

Stefan George: *Im windes-weben*

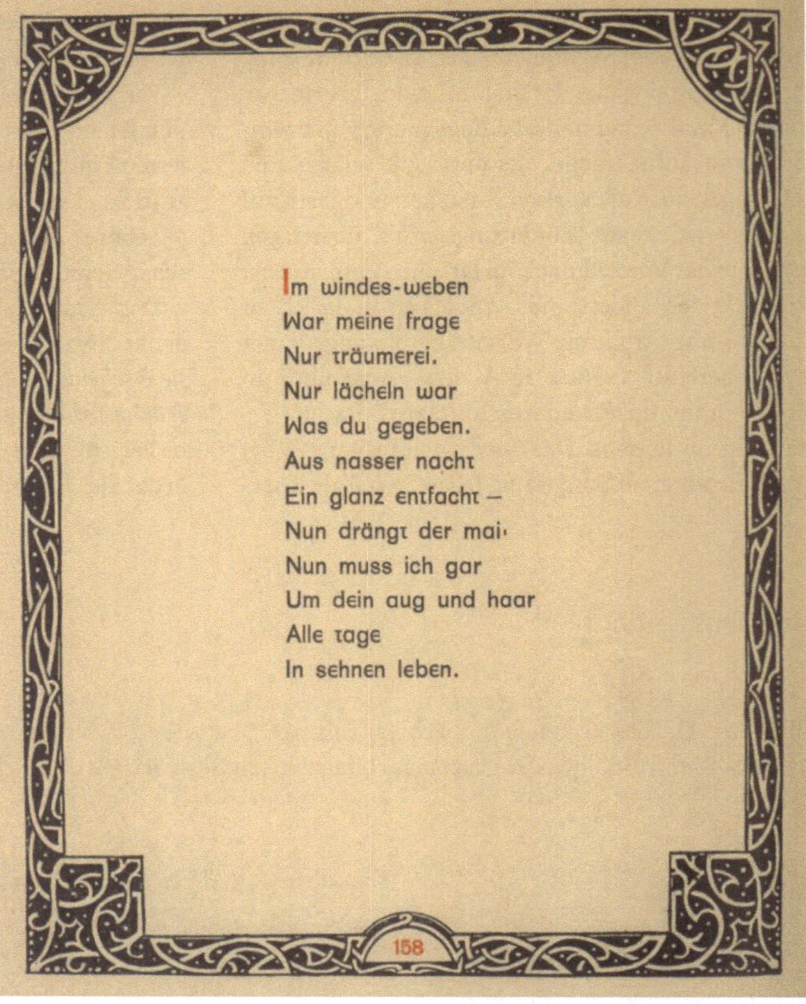

Im windes-weben
War meine frage
Nur träumerei.
Nur lächeln war
Was du gegeben.
Aus nasser nacht
Ein glanz entfacht –
Nun drängt der mai·
Nun muss ich gar
Um dein aug und haar
Alle tage
In sehnen leben.

158

Stefan George, *Der siebente Ring*, Berlin: Otto von Holten, 1907, S. 3 (Titelblatt) und S. 158 (Gedicht)

6.2 Erarbeitung: Bewusste Lektüre im Literarischen Gespräch

GA / UG

ARBEITSBLATT 6a
➤ S. 48
Lösungs-hinweise
➤ S. 115
ARBEITSBLATT 6b
➤ S. 49

Unterrichtsschritt. Die Schülerinnen und Schüler bilden Gruppen zu maximal sieben Personen und erhalten ARBEITSBLATT 6a ***Stefan George: »Im windes-weben« (1907)***. Ein Schüler bzw. eine Schülerin übernimmt die Gesprächsleitung der Runde und erhält das Gedicht in einer zum Gespräch vorstrukturierten Form (ARBEITSBLATT 6b ***Leitfaden für die Gesprächsleitung***). Alle anderen Mitglieder haben nur ARBEITSBLATT 6a vorliegen. Die Darstellungsform auf dem Arbeitsblatt bietet viel Freiraum für mögliche Notizen. Als Einstieg liest der/die das Gespräch Leitende das ganze Gedicht nochmals vor. Dann wird der erste Vers verlesen und ein

Gespräch in der Gruppe angestoßen. Danach übernimmt die Gesprächsleitung wieder das Wort und verliest den folgenden Vers bzw. nächste Sinneinheit des Gedichts. Es schließen sich wieder Beiträge aller Gruppenmitglieder an, die ihr Verständnis und/oder ihre Fragen formulieren. Dies wird fortgesetzt, so dass ein strukturiertes Gespräch über das Gedicht entsteht. Abschließend versucht die Gruppe einen Deutungsansatz für das Gedicht zu entwickeln. Dazu dienen die Leitfragen auf ARBEITSBLATT 6a, die helfen, das Gespräch zu reflektieren. Das Ergebnis der Abschlussreflexion wird von jeder einzelnen Gruppe im Plenum vorgetragen.

Erläuterungen. Die Fragen können durch die Gesprächsleitung angeregt werden, dürfen aber ebenso durch die Gruppenmitglieder gestellt werden. Es ist gewünscht, dass auf die Beiträge reagiert wird, so dass ein Gespräch entsteht, indem beispielsweise reihum jedes Gruppenmitglied zu Wort kommt.

6.3 Sicherung: Einen Deutungsansatz formulieren

Unterrichtsschritt. In Partnerarbeit formulieren die Schülerinnen und Schüler stichpunktartig einen möglichen Deutungsansatz zum Gedicht (ARBEITSBLATT 6a). Einzelne Ergebnisse können im Plenum diskutiert und begründet werden. Begleitend kann die Lehrkraft zur Ergebnissicherung zentrale Beobachtungen zu Sprache und Struktur auf dem per Dokumentenkamera oder Whiteboard gezeigten ARBEITSBLATT 6a festhalten (s. Lösungshinweise).

PA / UG

ARBEITSBLATT 6a
➤ S. 48

6.4 Transfer: Verfassen einer Gedichtinterpretation

Unterrichtsschritt. Die Schülerinnen und Schüler verfassen eine Gedichtinterpretation (ARBEITSBLATT 6a). Durch das ausführliche Gespräch konnten Positionen ausgelotet werden. Notizen aus dem Gespräch unterstützen das Verfassen einer Interpretation. Schwächeren Schülern kann eine Unterstützung durch die Leitfragen auf ARBEITSBLATT 6b angeboten werden.

Alternative. Dieser Unterrichtsschritt kann auch teilweise oder ganz als Hausaufgabe erarbeitet werden.

EA

ARBEITSBLATT 6a
➤ S. 48

ARBEITSBLATT 6b
➤ S. 49

Stefan George: *Im windes-weben* (1907)

Im windes-weben
War meine frage
Nur träumerei.
Nur lächeln war
Was du gegeben.
Aus nasser nacht
Ein glanz entfacht –
Nun drängt der mai ·
Nun muss ich gar
Um dein aug und haar
Alle tage
In sehnen leben.

Stefan George: Gesamt-Ausgabe der Werke. Tl. 6/7: Der siebente Ring. Berlin: Bondi, 1931. S. 158.

Leitfragen zur Entwicklung eines Deutungsansatzes:

- Was thematisiert dieses Gedicht?
- Welchen Versen kam besondere Aufmerksamkeit zu?
- Was fiel Ihnen schwer, in Worte zu fassen?
- Können Sie eine Entwicklung im Verlauf des Gedichts beobachten?
- Wie stehen der erste und der letzte Vers zueinander?

ARBEITSBLATT 6b

Leitfaden für die Gesprächsleitung

STEFAN GEORGE
Im windes-weben

Im windes-weben
War meine frage
Nur träumerei.
Nur lächeln war
Was du gegeben.

Aus nasser nacht
Ein glanz entfacht –
Nun drängt der mai ·

Nun muss ich gar
Um dein aug und haar
Alle tage
In sehnen leben.

Mögliche Fragen, um ins Gespräch zu kommen:
V. 1: Was bedeutet »Im windes-weben«? Warum »Im«? – Welche möglichen Assoziationen entstehen dadurch? Wofür steht ›Wind‹? Was bedeutet in diesem Zusammenhang »weben«? Wie unterstützen klangliche Aspekte die entstandenen Assoziationen?
V. 2/3: Was bedeutet die Zeitform Präteritum? Wie wirkt das »Nur«? Warum könnte der Begriff »träumerei« und nicht »Traum« gewählt worden sein?
V. 4/5: Wofür steht das Lächeln? Wie sind diese beiden Verse syntaktisch gestaltet? Inwiefern knüpfen sie an die vorangegangenen Verse 2/3 an?

V. 6/7: Was bedeutet »aus nasser nacht«? Welche Bildlichkeit wird hervorgerufen? In welcher Funktion könnte der Paarreim »nacht«/»entfacht« stehen? Wie kann der Gedankenstrich gedeutet werden?
V. 8: Wofür steht der Monat Mai? Was kann mit der Aussage verbunden werden? Wie kann das Drängen gedeutet werden? Was macht das »Nun« zu Versbeginn?

V. 9/10: Was wird durch die Wiederholung des »Nun« ausgedrückt? Was spiegelt das Verb »muss« über den seelischen Zustand des lyrischen Ich wider? Was würde sich durch eine andere Präposition (»Mit deinem« statt »Um dein«) verändern?
V. 11/12: Was verändert sich durch »Alle tage« im Vergleich zu »nun«? Wie wirkt die Formulierung »in sehnen leben«? Wie stehen der Schlussvers und der Anfangsvers zueinander?

Leitfragen zur Entwicklung eines Deutungsansatzes:
Was thematisiert dieses Gedicht? Welchen Versen kam besondere Aufmerksamkeit zu? Was fiel Ihnen schwer, in Worte zu fassen? Können Sie eine Entwicklung im Verlauf des Gedichts beobachten? Wie stehen der erste und der letzte Vers zueinander?

7 Flüchtige Begegnungen und Spiegelung der Großstadt in übersetzten Gedichten von Pound und Baudelaire untersuchen

Zu: Charles Baudelaire / Stefan George, *Einer Vorübergehenden*, 1891 (➤ *50 Gedichte um 1900*, S. 65, ➤ ARBEITSBLATT 7, S. 55), und: Ezra Pound, *In einer Station der Metro*, 1913 (➤ VORLAGE 7, S. 52)

Sachanalyse

Übersetzungen trugen im deutschsprachigen Raum zur Verbreitung des französischen Symbolismus wesentlich bei – die zeitgenössische Übersetzungskultur wurde befördert durch den Kosmopolitismus der symbolistischen Generation sowie deren Ansinnen, die Muttersprache vom Alltäglichen und Banalen zu befreien und zu einer neuen Strahlkraft zu führen. Ausgehend von der Fremdsprache soll die eigene Sprache so zu ihrem verlorenen ästhetischen Wert zurückfinden. Stefan George (1868–1933) war nicht der erste, aber der bedeutendste und produktivste deutsche Übersetzer Baudelaires (1821–1867). 1891 erschien eine Auswahl von 40 übersetzten Gedichten in einem kleinen Privatdruck für seine Freunde, darunter auch bereits *Einer Vorübergehenden*.[1] Dann veröffentlichte er Übersetzungen von 1894 bis 1901 in verschiedenen Zeitschriften. Textbasis für die im Berliner Bondi-Verlag 1901 erschienene Ausgabe, die auch dem Abdruck hier zugrunde liegt, war die postume Edition von Baudelaires Gedichtband *Les Fleurs du Mal* 1868 mit 155 Gedichten.

Während einer Reise nach Paris 1889 macht Stefan George Bekanntschaft mit den französischen Dichtern Verlaine und Mallarmé, die im Stil des Symbolismus schreiben: Ihr Standpunkt ist »l'art pour l'art« – Kunst und Leben stellen zwei voneinander getrennte Bereiche dar. Ihr Ziel ist es, als Künstler eine von der Realität unabhängige eigene Welt der Schönheit aufzubauen. Was George an Baudelaire fasziniert, ist die strenge Form seiner Gedichte. Im Unterschied zu anderen Symbolisten lehnte Baudelaire den *vers libre*, metrisch freie Versformen, ab (die dagegen Ezra Pound bevorzugte – siehe unten). Die im französischen Original im Alexandriner verfassten Gedichte werden von George in den von ihm hochgeschätzten Endecasillabo[2] übertragen.

In Georges Übertragungen – George selbst spricht von »Umdichtungen« – besteht eine Tendenz zur Vergegenständlichung von Baudelaires Bildersprache sowie zur symbolistischen Verfremdung des Sprachduktus. Eine Intensivierung des symbolischen Gehalts der Bildlichkeit, die Verwendung des Nominalstils, eine Aussparung des Vollverbs beziehungsweise die Verwendung dessen partizipialer Form oder die Fokussierung auf das erlesene Einzelwort charakterisieren Georges symbolistische Übertragungen. Seine Nachdichtungen wahren aber den durchgängigen Einsatz des Reims, wodurch er die Musikalität gegenüber der Semantik aufwertet.

In dem Gedicht *Einer Vorübergehenden* (1891/1901), einem Sonett, wird der Augenblick einer Liebesbegegnung in der Menschenmenge einer Großstadt dargestellt. Die beiden Quartette (V. 1–8) beschreiben in einer großen Konzentrationsbewegung vom gesamten Straßenraum (V. 1) bis zum Blickkontakt ›objektiv‹ wahrnehmend die Begegnung: Es sind die Erscheinung (V. 2 ff.), die Geste und Bewegung (V. 3–5) und der Blick (V. 6–8) einer Frau, die die Aufmerksamkeit des lyrischen Ich auf sich ziehen. In der zweiten Strophe beginnt mit der erstmaligen Nennung »Ich« (V. 6) bereits der allmähliche Übergang zur subjektiven Reaktion des lyrischen Ich (Anziehung und Bedrohung der *femme fatale*: sie »bannt« und »tötet«, V. 8), die die beiden Terzette (V. 9–14) prägt: Das lyrische Ich ist durch diesen einen Blickkontakt im Innersten berührt, aber: Es gibt keine zukunftsstiftenden Gesten, keine Verbindlichkeit, keine Reaktion seitens der Frau. »Ein strahl … dann nacht!« (V. 9) stellt stakkatohaft dar, was das lyrische Ich begreifen wird: Ein ganz kurzer Blickwechsel (V. 10) hat das Ich völlig verändert, für die »ewigkeit« (V. 11). Aber ein Wiedersehen wird es nicht geben. Diese Erkenntnis kommt nicht blitzartig, sondern erfolgt nach und nach (steigernde Reihung in V. 12). Der abschließend gewählte Irrealis lässt daran keinen Zweifel. Die Figur der Passantin bleibt schemenhaft. Der besondere Moment bleibt, wie die Frau, ›vorübergehend‹.

Eine anonyme Begegnungssituation in der Großstadt mit gezeichneter Unschärfe und diffusen Lichtverhältnissen findet sich auf sehr kleinem Raum auch in dem Haiku-ähnlichen Gedicht im *vers libre* von Ezra Pound: *In einer Station der Metro* (englisches Origi-

1 Vgl. »Nachbildung der Vor-Ausgabe von 1891« in: www.zeno.org/Literatur/M/George,+Stefan/Gesamtausgabe+der+Werke/Baudelaire.+Die+Blumen+des+Bösen/Anhang/Nachbildung+der+Vor-Ausgabe+von+1891 (Stand: 12. 1. 2022).

2 In der italienischen Dichtung seit Dantes *Divina Commedia* die verbreitetste Versform mit elf (männliche Kadenz) oder zehn (weibliche Kadenz) Silben. Sie wurde im Deutschen seit Goethe bei gleicher Silbenzahl zumeist in jambischen Fünfhebern wiedergegeben. Georges *Einer Vorübergehenden* ist streng in dieser Form gehalten.

nal 1913 im *Magazin Poetry* veröffentlicht). Die Essenz eines einzigen bildlichen Eindrucks einer Großstadt-Szene wird hier in knappster Form wiedergegeben. Im ersten Vers wird das Erscheinen anonymer Gesichter objektiv dargestellt, die im zweiten Vers durch eine Naturmetapher in eine individuelle und eigenständige Bildhaftigkeit überführt werden (Gesichter als ›gesichtslose‹ Blütenblätter an einem schwarzen Ast, der Metro). Kürze und klare Struktur des Gedichts ermöglichen ein selbständiges Literarisches Gespräch in Kleingruppen. Die Grundstruktur lässt sich auf das George-Gedicht übertragen.

Unterrichtsverlauf

Überblick. Die Schülerinnen und Schüler begegnen sprachlichen und symbolischen Darstellungen von Augenblicken der Flüchtigkeit in übersetzten Gedichten.

Phase	Thema	Sozialform	Kompetenzen/Lernziele	Materialien
7.1	Einstieg: Einen Satz vervollständigen	EA / UG	• Individuelle Gestaltung eines Satzes nach analytisch-objektiver oder assoziativ-subjektiver Vorliebe	TAFELBILD 7a ➤ S. 52
7.2	Erarbeitung 1: Literarisches Gespräch zu Ezra Pound	GA	• Unter dem Eindruck analytisch-objektiver und assoziativ-subjektiver Sichtweisen das Gedicht diskutieren	VORLAGE 7 ➤ S. 52
7.3	Sicherung 1: Zusammentragen der Diskussionsergebnisse	UG	• Individuelle Äußerungen und Ergebnisse einordnen und zusammenfassen	TAFELBILD 7b ➤ S. 53
7.4	Erarbeitung 2: Erstbegegnung: Gedanken und Fragen zum Gedicht von Charles Baudelaire / Stefan George formulieren	LV / EA / PA	• Erste inhaltliche Auseinandersetzung und Formulierung inhaltsbezogener Fragen	ARBEITSBLATT 7 ➤ S. 55
7.5	Erarbeitung 3: Formale und inhaltliche Struktur erschließen	PA	• Bestimmung von Form, Reim und Metrum sowie des handlungsorientierten Inhalts	ARBEITSBLATT 7 ➤ S. 55
7.6	Erarbeitung 4: Den symbolischen Gehalt der Bildlichkeit und der Sprache analysieren	PA	• Genaue Betrachtung der Sprache und der verwendeten Bildlichkeit	ARBEITSBLATT 7 ➤ S. 55
7.7	Sicherung 2: Besprechung der Ergebnisse aus den Erarbeitungsphasen	UG	• Ergebnisse vorstellen, erweitern, gegebenenfalls korrigieren • Formulieren einer Deutungshypothese	ARBEITSBLATT 7 ➤ S. 55
7.8	Transfer: Eine Gedichtinterpretation verfassen	EA	• Verschriftlichung der erarbeiteten Ergebnisse üben	ARBEITSBLATT 7 ➤ S. 55

7.1 Einstieg: Einen Satz vervollständigen

EA / UG

Unterrichtsschritt. Die Schülerinnen und Schüler erhalten den Satzanfang »In einer Station der Metro …« und werden aufgefordert, diesen schriftlich in Einzelarbeit zu vervollständigen. Dieser soll analytisch-objektiv oder assoziativ-subjektiv gestaltet werden. Die Begriffe »analytisch-objektiv« und »assoziativ-subjektiv« werden als Pole z. B. an der linken und rechten Tafel angebracht. Die Schülerinnen und Schüler tragen ihren Satz vor und ordnen ihn im TAFELBILD 7a einem der Pole zu.

TAFELBILD 7a ➤ S. 52

Erläuterungen. Je nach Wissensstand der Schülerinnen und Schüler sollte vorab geklärt werden, was unter den Bereichen analytisch-objektiv oder assoziativ-subjektiv verstanden wird: eine sachlich, logisch begründete Wiedergabe der Realität bzw. eine persönliche Gedankenverbindung, die individuelle Gefühle und Emotionen zulässt. Im TAFELBILD 7a entsteht ein Beobachtungs- und Gedankenteppich, der die Multiperspektivität auf eine Alltagssituation in einer Großstadt zeigt.

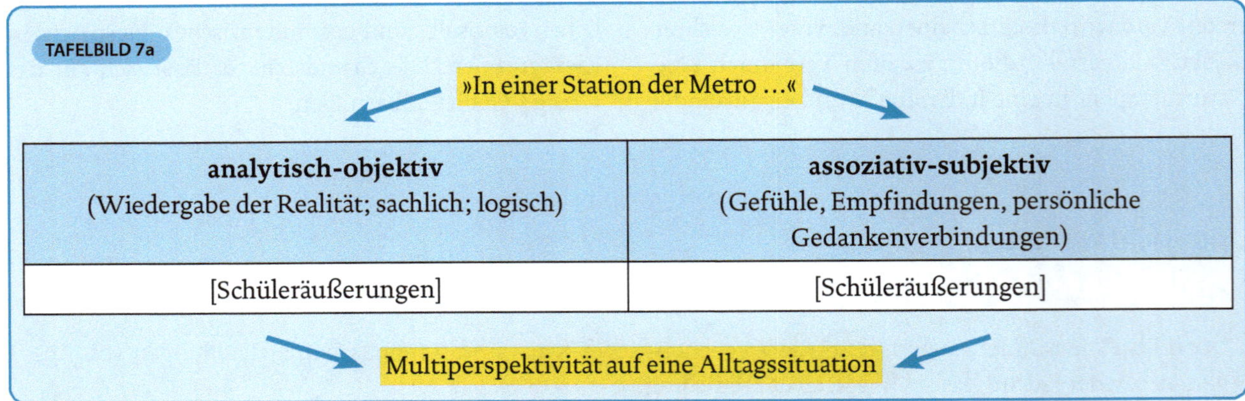
TAFELBILD 7a

»In einer Station der Metro …«

analytisch-objektiv (Wiedergabe der Realität; sachlich; logisch)	**assoziativ-subjektiv** (Gefühle, Empfindungen, persönliche Gedankenverbindungen)
[Schüleräußerungen]	[Schüleräußerungen]

Multiperspektivität auf eine Alltagssituation

7.2 Erarbeitung 1: Literarisches Gespräch zu Ezra Pound

GA

VORLAGE 7 ➤ S. 52

Unterrichtsschritt. Die Schülerinnen und Schüler werden aufgefordert, in Kleingruppen in einem kurzen Literarischen Gespräch die analytisch-objektiven und assoziativ-subjektiven Sichtweisen auf das zweizeilige Pound-Gedicht (VORLAGE 7 *Ezra Pound: »In einer Station der Metro« / »In a Station of the Metro«*) zu diskutieren und ihre eigenen Sichtweisen z. B. mit Blick auf die Bildlichkeit zu formulieren. Die Ergebnisse halten die Gruppen stichwortartig fest.

VORLAGE 7

Ezra Pound: ***In einer Station der Metro / In a Station of the Metro***

Das Erscheinen dieser Gesichter in der Menge:
Blütenblätter auf einem nassen, schwarzen Ast.

Ezra Pound: Personae. Sämtliche Gedichte 1908–1921.
Dt. und mit einem Nachw. von Eva Hesse. Zürich: Arche Verlag, 2005.

7.3 Sicherung 1: Zusammentragen der Diskussionsergebnisse

UG

TAFELBILD 7b ➤ S. 53

Unterrichtsschritt. Exemplarisch stellt eine Arbeitsgruppe ihr Ergebnis vor, die anderen Gruppen ergänzen, korrigieren oder bestätigen die Ergebnisse. Sie werden im TAFELBILD 7b festgehalten (das während der vorangehenden Gruppenarbeitsphase bereits vorbereitet werden kann).

7.4 Erarbeitung 2: Erstbegegnung: Gedanken und Fragen zum Gedicht formulieren

LV / EA / PA

ARBEITSBLATT 7 ➤ S. 55
Lösungshinweise ➤ S. 116
Internetzugang

Unterrichtsschritt. Die Lehrkraft gibt einen kurzen Überblick über die Bedeutung von Gedichtübersetzungen ins Deutsche, für die vor allem Stefan George repräsentativ ist. Die Schülerinnen und Schüler lesen das Gedicht auf ARBEITSBLATT 7 *Charles Baudelaire / Stefan George: »Einer Vorübergehenden« (»A une passante«)* oder in der Ausgabe 50 *Gedichte um 1900* mehrfach und notieren dazu ihre ersten Eindrücke und Fragen, über die anschließend zwischen den Lernpartnern bzw. Lernpartnerinnen ein Austausch erfolgt (Arbeitsauftrag 1).

Alternative. Die Erstbegegnung kann auch mit einem Gedichtvortrag durch einen erfahrenen Sprecher erfolgen oder als Video vorgeführt werden, z. B.: youtu.be/Ulw-GirwTGU (Stand: 11.1.2022).

TAFELBILD 7b

Ezra Pound *In einer Station der Metro*	Ort: Großstadt
Das Erscheinen dieser Gesichter in der Menge:	›Objektive‹ Wahrnehmung • Erscheinen anonymer Gesichter in der Masse • »Erscheinen« ➤ Flüchtigkeit
Blütenblätter auf einem nassen, schwarzen Ast.	›Subjektiver‹ Eindruck • metaphorische Sprache: eigenwilliges Bild aus der Natur: schön, aber vergänglich • diffuse Lichtverhältnisse durch die Nässe • »Blütenblätter« ➤ gesichtslos
	➤ Essenz eines kurzen bildlichen Eindrucks, Ästhetisierung des Vergänglichen

7.5 Erarbeitung 3: Formale und inhaltliche Struktur erschließen

Unterrichtsschritt. Die Schülerinnen und Schüler unterziehen das Gedicht einer formalen Analyse. Die Sonettform, das klassische Reimschema sowie das Metrum (jambischer Fünfheber: Endecasillabo) werden bestimmt. Ebenso erschließen die Schüler den Inhalt in seiner Handlungsstruktur, insbesondere die Differenz zwischen den beiden Quartetten (»objektive« Beschreibung der Begegnung mit den Aspekten Großstadt-Situierung V. 1, Gesamterscheinung/Silhouette V. 2 f., Geste/Bewegung V. 3–5, Blickkontakt V. 6–8) und den Terzetten (»subjektive« Wirkung und Verarbeitung des Erlebnisses durch das lyrische Ich). Die Ergebnisse werden in Stichworten auf dem ARBEITSBLATT 7 festgehalten (Arbeitsauftrag 2).

PA

ARBEITSBLATT 7

➤ S. 55

7.6 Erarbeitung 4: Den symbolischen Gehalt der Bildlichkeit und der Sprache analysieren

Unterrichtsschritt. Die Schülerinnen und Schüler analysieren den symbolischen Gehalt der Bildlichkeit und der Sprache und diskutieren mögliche Textwirkungen. Die Ergebnisse werden schriftlich festgehalten (ARBEITSBLATT 7, Arbeitsauftrag 3).

PA

ARBEITSBLATT 7

➤ S. 55

Erläuterungen. Folgende Aspekte können (unter anderem) thematisiert werden: Alliteration »tost betäubend« (V. 1) zur Kurzcharakterisierung des Großstadt-Szenarios; kurze, aneinandergereihte Eindrücke ohne Kommata oder Konjunktion (V. 2, Wirkung: Atemlosigkeit, Tempo); Parallele der Präteritum-Verbformen »Erschien«/»Erhob« (V. 4/5) am Versanfang betont bereits das Vergangene; erstmalige Nennung »Ich« und Vergleich »wie im Wahne« (der wie »betäubend« in V. 1 bereits auf die Ausnahmesituation des lyrischen Ich vorbereitet, V. 6); Bildassoziation ›Auge des Orkans‹ (V. 7); Motiv der *femme fatale* (V. 8); »Ein strahl … dann nacht« (V. 9) als Zusammenfassung des kurzen (Einsilbigkeit!), intensiven, aber vergänglichen Augenblicks; sich steigernde Reihung von Gedankenbruchstücken in V. 12, die die nachgängige Reflexion des erlebten Moments spiegelt; Chiasmus »Du … mir« / »ich … dir« (V. 13); Irrealis in V. 14 als abschließende Erkenntnis.

7.7 Sicherung 2: Besprechung der Ergebnisse aus den Erarbeitungsphasen

Unterrichtsschritt. Die Ergebnisse der Arbeitsaufträge 2 und 3 auf ARBEITSBLATT 7 werden durch die Schülerinnen und Schüler präsentiert, so dass gemeinsam eine Deutungshypothese aufgestellt werden kann. Gegebenenfalls können durch die Schülerinnen und Schüler individuell Korrekturen vorgenommen werden.

UG

ARBEITSBLATT 7

➤ S. 55

7.8 Transfer: Eine Gedichtinterpretation verfassen

ARBEITSBLATT 7
➤ S. 55

Unterrichtsschritt. Die Schülerinnen und Schüler verfassen eine Gedichtinterpretation. Die Aufgabenstellung kann je nach Leistungsstand der Lerngruppe offen formuliert oder flankiert werden (ARBEITSBLATT 7, Arbeitsauftrag 4). Für leistungsschwächere Lerngruppen können die Lösungshinweise gezeigt oder ausgeteilt werden.

Alternative. Der Arbeitsauftrag kann auch als Hausaufgabe bearbeitet werden.

ARBEITSBLATT 7

Charles Baudelaire / Stefan George: *Einer Vorübergehenden* (*À une passante*)

Es tost betäubend in der strassen raum.
Gross schmal in tiefer trauer majestätisch
Erschien ein weib · ihr finger gravitätisch
Erhob und wiegte kleidbesatz und saum ·

Beschwingt und hehr mit einer statue knie.
Ich las · die hände ballend wie im wahne ·
Aus ihrem auge (heimat der orkane):
Mit anmut bannt mit liebe tötet sie.

Ein strahl … dann nacht! o schöne wesenheit
Die mich mit EINEM blicke neu geboren ·
Kommst du erst wieder in der ewigkeit?

Verändert · fern · zu spät · auf stets verloren!
Du bist mir fremd · ich ward dir nie genannt ·
Dich hätte ich geliebt · dich die's erkannt.

Charles Baudelaire. Die Blumen des Bösen. Umdichtungen von Stefan George.
Berlin: Bondi, 1901. S. 137.

Arbeitsaufträge:

1. Lesen Sie das Gedicht mehrfach. Notieren Sie Ihre ersten Eindrücke und Fragen zu diesem Gedicht. Tauschen Sie sich anschließend darüber mit Ihrem Lernpartner bzw. Ihrer Lernpartnerin aus.
2. Erschließen Sie die formale und inhaltliche Struktur des Gedichts. Achten Sie dabei besonders auf analytisch-objektive und assoziativ-subjektive Aspekte.
3. Analysieren Sie den symbolischen Gehalt der Bildlichkeit.
4. a) Interpretieren Sie das Gedicht.
   oder
   b) Interpretieren Sie das Gedicht unter besonderer Berücksichtigung der Verbindung von Eros und Tod.
   oder
   c) Interpretieren Sie das Gedicht und stellen Sie besonders die sprachliche und bildliche Gestaltung des Moments der Flüchtigkeit dar.

*5. Vergleichen Sie die Großstadt-Wahrnehmung mit thematisch ähnlichen Gedichten der Zeit (z. B. *50 Gedichte um 1900*, Kapitel XI).

8 »Die Insel« in Illustration und Gedicht: Einen Jugendstil-Topos kennen lernen

Zu: Hedda Sauer, *Die Insel*, 1904 (➤ *50 Gedichte um 1900*, S. 46, ➤ ARBEITSBLATT 8b, S. 62)

Sachanalyse

In der Kunst des Jugendstils bildet die Insel einen festen Topos. Im Gedicht *Die Insel* der Prager Dichterin Hedda Sauer (1875–1953) symbolisiert die Insel ein neues und unerreichbares Paradies. Farben- und symbolreich illustriert wurde das Gedicht von Richard Teschner. Das Gedicht samt Illustration erschien im Band *»Wenn es rote Rosen schneit«* im Verlag Carl Bellmann in Prag 1904.

Der vorliegende Zeilendruck und die Präsentation in einer einzigen großen Form erschweren die formale Analyse des Gedichts: Grundsätzlich strukturiert das Reimschema es in einen Sechszeiler, zwei Vierzeiler und wieder einen Sechszeiler, deren Reime sich kreuzen, paaren oder auch umarmen; teilweise sind sie – jugendstiltypisch – unrein. Das Metrum ist frei. Bilder und Motive sind verschränkt und ranken sich – ebenfalls jugendstiltypisch – wie die Reime durchs Gedicht.

Dabei stellt das lyrische Ich zwei Welten gegenüber und mischt sie zugleich: das reale »Leben« (V. 8) und eine Traumwelt, die »Insel« V. 3). Sie sind im Kontrast miteinander verbunden. Am Beginn steht die Wahrnehmung eines »Magnolienbeet[s]« am »Horizont« (V. 1) und des Gebirgszugs des Apennin (V. 2) als einziger konkreter Lokalisierung. (Ob »Die Appeninen« als Apposition zum »Magnolienbeet« oder als weitere Beobachtung zu gelten haben, das lyrische Ich also sich bereits in den ›südlichen Raum‹ hineinimaginiert oder tatsächlich dort ist, bleibt offen.) Diese Wahrnehmung löst die Versenkung des Ich in die Traumwelt der Insel aus. Charakterisiert wird sie durch exotisch-paradiesische bzw. ›südliche‹ Objekte (Substantive): Myrtenschleier (V. 9), Pinienwald (V. 13), Lorbeerdach (V. 14), Mandelbaum (V. 15), außerdem idyllische Naturbegriffe: Wasser (V. 4, 15), Wind (V. 5), (Abend-)Sonne (V. 6, 14). Kennzeichnend sind weiterhin Verben, die eine vorsichtig-zarte, in sich kreisende Bewegung oder Einhüllung (säumen V. 4, umweben V. 5, hüllen V. 9, gleiten V. 14) und eine Bewegung abwärts bezeichnen (rinnen V. 6, versinken V. 17, die bereits das Traumende signalisieren). Auffällig sind auch die Adjektive, die idyllisch-exotische Schönheit evozieren (blau V. 4, 15, 19; saphirn V. 5; süß V. 13). Zur Realität gehört der »Strand« (V. 7, 16), der stauberfüllt und grau (V. 8, 16), bei Traumbeginn in die Ferne gerückt (V. 7), am Ende ganz nah ist (V. 16). Mit der Realität verbunden sind außerdem negativ konnotierte Verben (schreien V. 12, mühen V. 18) sowie das schrille Adjektiv ›rot‹ (V. 12) und der wache Zustand (V. 12) im Gegensatz zum Traum.

Das Gedicht beschreibt eine große Bewegung: weg aus der Realität auf die zart-lebendige und schützend-einhüllende Trauminsel zu, in der ein Du miteingeschlossen ist (V. 11), und (parallel zur sinkenden Sonne) wieder zurück. Die beiden letzten Verse kündigen die Rückkehr auf die Insel, in den Traum, an: Zunächst enthalten sie das Versprechen des lyrischen Ich, wiederzukommen und somit den Zustand der Verklärung abschließend erreichen zu wollen. »Mein Boot heißt Sehnsucht und mein Fährmann Traum« (V. 20) bedeutet noch mehr: Die Sehnsucht ist der Antrieb und der Traum das Medium der Verklärung. Durch die Verbindung mit den Worten »Boot« und »Fährmann« erhalten sie weitere Konnotationen, konkret: des Vergehens (vgl. die mythologische Gestalt des Fährmanns Charon, der die Toten über den Styx in den Hades überführt). Die Welten sind scharf getrennt, aber Übergänge sind möglich.

Aus der Vogelperspektive, leicht oval verzogen, illustriert Richard Teschner die Insel: ein märchenhaftes Schloss, umgeben von einer parkähnlichen Anlage, begrenzt durch eine reich überwucherte Mauer. Blaue Wellen umrahmen die abgeschlossene Insel. Form und Farbgebung ist typisch für die Kunst des Jugendstils. Dies wird vor allem bei der formalen Gestaltung durch das Oval bzw. den Kreis deutlich. Symmetrische Anordnungen der Türme, Beete, Bepflanzungen greifen in zyklischer Form immer wieder diese Elemente auf. Metaphorisch verbergen sich dahinter die Gedanken der ewigen Wiederkehr und der harmonischen Vereinigung von Leben und Geist. Die kontrastiv verwendeten Farben rot und weiß stehen ebenso dafür wie die künstlich angelegte Gartenlandschaft: Alles hat seinen durch den Menschen vorgegebenen Platz. Durch die Kreisformen bleibt alles im Fluss. Das Zyklische wird auch im Wasserkreislauf des Springbrunnens widergespiegelt. Die dargestellten Bäume erinnern an Trauerweiden: Sie streben einerseits zum Himmel, lassen ihre Äste dann wieder zum Boden absinken. Das umgebende Wasser grenzt die Traumwelt von der Realität ab.

Richard Teschners Illustration greift das Thema der

Trauminsel auf und stellt seine freie Interpretation des Gedichts dar. Das In-sich-Kreisende wird deutlich stärker akzentuiert, die Szene erscheint märchenhafter-farbensatt statt südlich-mild. Beide schaffen durch ihre Kunstwerke ein künstliches Paradies, eine phantastische Idylle, die zum Symbol einer angestrebten Verklärung wird.

Unterrichtsverlauf

Überblick. Die Schülerinnen und Schüler setzen sich auf bildlicher und textlicher Ebene kreativ und analytisch mit dem Jugendstil-Topos »Insel« auseinander und erkennen am Beispiel des Gedichts *Die Insel* von Hedda Sauer zeittypische, gestalterische Zusammenhänge. Dabei lernen sie die Illustration von Richard Teschner als eine Interpretation des Gedichts kennen. ! **Verkürzter Verlauf: 8.1 – 8.2 – 8.3 – 8.4 – 8.5 – 8.6 – 8.7 – 8.8 – 8.10**

Phase	Thema	Sozialform	Kompetenzen/Lernziele	Materialien
8.1	Einstieg: Stiller Impuls	EA (LSG)	• Genaues Betrachten, Erkennen von Jugendstilelementen	VORLAGE 8a ➤ S. 58
8.2	Erarbeitung 1: Ein eigenes Gedicht verfassen	EA	• Impulsgesteuerte, eigenständige Textgestaltung	ARBEITSBLATT 8a ➤ S. 61
8.3	Erarbeitung 2: Kriteriengestützte Gedichtauswahl treffen	GA	• Gegenseitiges Vortragen der Texte mit Diskussion • Kriteriengeleitete Auswahl eines Textes	ARBEITSBLATT 8a ➤ S. 61
8.4	Sicherung 1: Präsentation ausgewählter Arbeitsergebnisse	UG	• Sichtbarmachen und Präsentation der Ergebnisse in einer kleinen Ausstellung	ARBEITSBLATT 8a ➤ S. 61
8.5	Erarbeitung 3: Assoziativer Zugang zum Gedicht von Hedda Sauer über eine Gedankenreise	UG	• Assoziativen Gedichtzugang erproben	ARBEITSBLATT 8b ➤ S. 62
8.6	Erarbeitung 4: Sprachliche Analyse des Gedichts	EA (PA)	• Systematische Sprachanalyse erarbeiten	ARBEITSBLATT 8b ➤ S. 62
8.7	Sicherung 2: Ergebnisse vergleichen	UG / LSG	• Ergebnisse vergleichen	ARBEITSBLATT 8b ➤ S. 62
8.8	Erarbeitung 5: Eine Deutungshypothese aufstellen	PA (EA)	• Formulieren einer Deutungshypothese	ARBEITSBLATT 8b ➤ S. 62 ARBEITSBLATT 2b ➤ S. 18
8.9 **fakultativ**	Vertiefung 1: Gestaltung eines Blackout-Poems / Die Illustration von Richard Teschner als Interpretation des Gedichts	EA	• Gestaltung eines Blackout-Poems kennen lernen • Eine Illustration als Lesart des Gedichts verstehen • Vergleichende Betrachtung von Text und Illustration	ARBEITSBLATT 8b ➤ S. 62 VORLAGE 8b ➤ S. 60
8.10	Vertiefung 2: Eine Gedichtinterpretation verfassen	EA	• Eine Gedichtinterpretation verfassen mit Schwerpunkt auf der sprachlichen Gestaltung	ARBEITSBLATT 8b ➤ S. 62
HA	Weitere Gedichte zum Themenbereich finden			ARBEITSBLATT 8b ➤ S. 62 *50 Gedichte um 1900*

8.1 Einstieg: Stiller Impuls

EA (LSG)

VORLAGE 8a
➤ S. 58

Unterrichtsschritt. Die Schülerinnen und Schüler betrachten still und genau die Illustration auf VORLAGE 8a ***Eine Buchillustration von Richard Teschner (1904)***. Spontan werden Stichworte zu Assoziationen und prägenden Elementen notiert. Bei schwachen Lerngruppen kann durch ein Lehrer-Schüler-Gespräch eine Vorentlastung des folgenden Unterrichtsschritts vorgenommen werden.

VORLAGE 8a

Eine Buchillustration von Richard Teschner (1904)

Illustration zum Gedicht *Die Insel* in: *»Wenn es rote Rosen schneit«. Gedichte von Hedda Sauer. Mit Bildern von Richard Teschner*, Prag: Richard Bellmann, 1904

8.2 Erarbeitung 1: Ein eigenes Gedicht verfassen

EA

ARBEITSBLATT 8a
➤ S. 61

Unterrichtsschritt. Nach einer gewissen Zeit werden sie aufgefordert, zu dieser Illustration einen Text – vorzugsweise ein Gedicht – zu verfassen, in dem zentrale gestalterische Elemente sprachlich umgesetzt werden (ARBEITSBLATT 8a ***Ein Gedicht verfassen***, Arbeitsauftrag 1). Schreiberfahrene Schülerinnen und Schüler können frei eine Form wählen, andernfalls werden die Gestaltungsvorschläge zur Anregung beigegeben. Der Text sollte auf einem eigenen Blatt verfasst werden, damit ausgewählte Texte in einer kleinen Ausstellung gezeigt werden können (Unterrichtsschritt 8.4).

8.3 Erarbeitung 2: Kriteriengestützte Gedichtauswahl treffen

GA

ARBEITSBLATT 8a
➤ S. 61

Unterrichtsschritt. Im geschützten Raum von Arbeitsgruppen (von vier bis maximal fünf Personen) stellen sich die Schülerinnen und Schüler ihre Texte gegenseitig vor. Anhand ihrer Stichworte aus der Impulsphase (Unterrichtsschritt 8.1) entwickeln sie Kriterien zur Beurteilung der stimmigen Zusammenhänge zwischen Illustration und Gedicht (ARBEITSBLATT 8a , Arbeitsauftrag 2). Diese können sich auf formgebende Merkmale oder metaphorische Deutungszusammenhänge beziehen. Ein Fokus liegt hier schon auf einer geeigneten Wortwahl (besonders von Verben und Adjektiven).

8.4 Sicherung 1: Präsentation ausgewählter Arbeitsergebnisse

Unterrichtsschritt. Die Schülerinnen und Schüler stellen einen ausgewählten Text aus der jeweiligen Gruppe vor und begründen die Wahl anhand ihrer festgelegten Kriterien. Die ausgewählten Texte werden in einer kleinen Ausstellung gezeigt.

UG

ARBEITSBLATT 8a
➤ S. 61

8.5 Erarbeitung 3: Assoziativer Zugang zum Gedicht von Hedda Sauer über eine Gedankenreise

Unterrichtsschritt. Die Schülerinnen und Schüler erhalten das ARBEITSBLATT 8b ***Hedda Sauer: »Die Insel«***. Ein Erstzugang findet über das Hören statt; die Lehrkraft trägt das Gedicht ein oder mehrmals vor. Im Sinne einer »Gedankenreise« schließen die Schülerinnen und Schüler dabei die Augen und lassen durch das Gedicht vor ihrem inneren Auge die Bildlichkeit entstehen. In einer Murmelphase findet ein kurzer Austausch zu den Assoziationen und zum Thema des Gedichts statt (Arbeitsauftrag 1).

UG

ARBEITSBLATT 8b
➤ S. 62

8.6 Erarbeitung 4: Sprachliche Analyse des Gedichts

Unterrichtsschritt. Die Schülerinnen und Schüler untersuchen systematisch die Wortarten Substantiv – Adjektiv – Verb und stellen Vermutungen über deren Wahl an. Sie deuten diese im Kontext des Gedichts (ARBEITSBLATT 8b, Arbeitsauftrag 2). Auffälligkeiten wie Wiederholungen, Abwandlungen, Umstellungen werden ebenso festgehalten und in die spätere Deutung miteinbezogen.

EA (PA)

ARBEITSBLATT 8b
➤ S. 62

8.7 Sicherung 2: Ergebnisse vergleichen

Unterrichtsschritt. Die Ergebnisse werden in Lerngruppen oder im Plenum verglichen. Im Lehrer-Schüler-Gespräch können nun nochmals mit Bezug auf Jost Hermand (ARBEITSBLATT 2b) die Merkmale des Jugendstils wie die Ornamentik aufgegriffen werden und in Bezug zur sprachlichen Gestaltung gesetzt werden (ARBEITSBLATT 8b, Arbeitsauftrag 3).

UG / LSG

ARBEITSBLATT 8b
➤ S. 62
Lösungshinweise
➤ S. 117 f.
ARBEITSBLATT 2b
➤ S. 18

8.8 Erarbeitung 5: Eine Deutungshypothese aufstellen

Unterrichtsschritt. Mit einem Lernpartner wird eine mögliche Deutungshypothese aufgestellt.

8.9 Vertiefung 1: Gestaltung eines Blackout-Poems / Die Illustration von Richard Teschner als Interpretation des Gedichts (fakultativ)

Unterrichtsschritt. Die Schülerinnen und Schüler gestalten aus dem Gedicht *Die Insel* ein »Blackout-Poem« (VORLAGE 8b ***Ein Blackout-Poem gestalten***); dafür erhalten sie ein weiteres Exemplar von ARBEITSBLATT 8b. Es werden einzelne Begriffe hervorgehoben, während andere geschwärzt oder optisch umgestaltet werden. (Anregungen und Hilfestellung etwa unter: www.sympatexter.com/blackout-poetry-anleitung, Stand: 13.1.2022.)

Die Ergebnisse stellen fokussierte Lesarten dar. Daher sollten sie in der Lerngruppe ausgestellt und diskutiert werden. Für schwächere Schüler kann der Weg über die gestaltende Aufgabe zur Gedichtinterpretation führen.

EA

ARBEITSBLATT 8b
➤ S. 62
VORLAGE 8b
➤ S. 60
Internetzugang

***Alternative.** Die Schülerinnen und Schüler arbeiten in einer vergleichenden Betrachtung die Gemeinsamkeiten und Unterschiede zwischen der Illustration von Richard Teschner und dem Gedicht von Hedda Sauer heraus. Diese Aufgabe eignet sich für Leistungskurse bzw. leistungsstarke Lerngruppen.

VORLAGE 8b

Ein Blackout-Poem gestalten

Arbeitsaufträge:
Gestalten Sie das Gedicht *Die Insel* in ein Blackout-Poem um.
Anregungen und Hilfestellung finden Sie z. B. unter www.sympatexter.com/blackout-poetry-anleitung.

1. Welche inhaltlichen Aspekte, d. h. welche Wörter oder Wortgruppen, sind Ihnen wichtig? Markieren Sie diese.
2. Der »neue Text« muss nicht aus ganzen Sätzen bestehen, er soll aber eine inhaltliche Einheit bilden. Planen Sie die visuelle Gestaltung des Blackout-Poems.

8.10 Vertiefung 2: Eine Gedichtinterpretation verfassen

EA

ARBEITSBLATT 8b
➤ S. 62

Unterrichtsschritt. Die Schülerinnen und Schüler interpretieren unter besonderer Berücksichtigung der sprachlichen Gestaltung das Gedicht *Die Insel* von Hedda Sauer.

Alternative. Diese Aufgabe kann auch als Hausaufgabe gestellt werden.

ARBEITSBLATT 8b
➤ S. 62

Hausaufgabe

In der Anthologie *50 Gedichte um 1900* können die Schülerinnen und Schüler weitere Gedichte zum Themenbereich »künstliche Paradiese« entdecken (ARBEITSBLATT 8b, Arbeitsauftrag 4).

Ein Gedicht verfassen

Illustration zum Gedicht *Die Insel* in: *»Wenn es rote Rosen schneit«. Gedichte von Hedda Sauer. Mit Bildern von Richard Teschner*, Prag: Richard Bellmann, 1904

Arbeitsaufträge:

1. Verfassen Sie ein Gedicht mit dem themengebenden Titel *Die Insel*. Sie können die Form frei wählen. Vorschläge zur Formfindung:

   A. Akrostichon zum Wort »Insel«:
   I
   N
   S
   E
   L

   B. Cinquain:
   Vers 1: Thema (hier: Insel)
   Vers 2: zwei Adjektive, die das Thema beschreiben
   Vers 3: drei Verben oder Partizipien Präsens, die das Thema beschreiben
   Vers 4: Vier Wörter, die einen Satz zum Thema bilden
   Vers 5: ein Wort, das das Gedicht zusammenfasst
2. Entwickeln Sie Kriterien zur Auswahl besonders gelungener Gedichte mit Blick auf die Illustration. Mögliche Kriterien können sein:
   - Geeignete Wortwahl (v. a. mit Blick auf Verben und Adjektive)
   - Assoziative Stimmigkeit
   - Widerspiegelung von Formmerkmalen
   - Widerspiegelung der Metaphorik

Hedda Sauer: *Die Insel*

Am Horizont stand ein Magnolienbeet,
Die Apeninnen.
Von einer Insel träumt' ich,
An blauem Wasser säumt' ich,
Und von saphir'nem Wind umwebt
Sah ich die Sonne von den Büschen rinnen.
Fern war der Strand,
Der Leben heißt, der graue, stauberfüllte,
In Myrtenschleier hüllte
Mich ein mein Inselland.
Mich ein – und Dich. Ich weiß es wohl, wie bald
Schreit mit dem roten Mund der Morgen wach
Den süßen Traum in unserm Pinienwald.
Die Sonne glitt über das Lorbeerdach,
Ins blaue Wasser sah ein Mandelbaum. – – –
– Und nun am Strand, am stauberfüllten, grauen,
Mein Inselland versank. Ich kann's nicht mehr,
So sehr ich mich auch mühe, schauen.
– – – Doch ich komm wieder übers blaue Meer,
Mein Boot heißt Sehnsucht und mein Fährmann Traum.

In: 50 Gedichte um 1900. Naturalismus – Fin de Siècle – Frühexpressionismus. Hrsg. von Gabriele Sander. Stuttgart: Reclam, 2023. S. 46.

Worterläuterungen

1 Magnolienbeet: Magnolien: Zierbaum, der im Frühjahr prächtige weiß-rosa Blüten trägt | **2 Appeninen:** Gebirgszug durch fast ganz Italien | **5 saphir'nem:** saphirfarbenem; Saphir: blauer, meist durchsichtiger Edelstein | **9 Myrtenschleier:** Myrten: immergrünes Gewächs mit weißen Blüten aus dem Mittelmeerraum, schon in der Antike als Brautschmuck verwendet.

Arbeitsaufträge:

1. Hören Sie das Gedicht und tauschen Sie sich anschließend in einer Murmelphase über Ihre Assoziationen aus.
2. Untersuchen Sie systematisch die Wortarten Substantiv – Adjektiv – Verb und stellen Sie Vermutungen über die Gründe für deren Wahl an. Deuten Sie diese im Kontext des Gedichts. Achten Sie dabei auf Auffälligkeiten wie Kontraste, Wiederholungen, Abwandlungen, Umstellungen.

*3. Beschreiben Sie die (sprach-)künstlerischen Elemente des Jugendstils, die in diesem Gedicht zum Ausdruck kommen. Beziehen Sie dazu noch einmal die Aussagen von Jost Hermand mit ein (ARBEITSBLATT 2b, M 3).

4. Verfassen Sie eine Gedichtinterpretation unter besonderer Berücksichtigung der sprachlichen Gestaltung.

9 Rainer Maria Rilke: Stilentwicklung und -prägung eines Dichterlebens erfahren

Zu: Rainer Maria Rilke, *Abend*, 1895 (➤ ARBEITSBLATT 9a, S. 70), *Die Flamingos*, 1907/08 (➤ ARBEITSBLATT 9b, S. 71–73) und *Der Tod*, 1915 (➤ ARBEITSBLATT 9c, S. 74).

Sachanalyse

Nur selten können in der modernen Dichtung der Autorenname und eine literarische Strömung in einem Atemzug genannt werden: Die Lebenserfahrung, äußere Einflüsse und Begegnungen prägen und verändern Menschen, was die folgende Betrachtung des Dichterlebens und -schaffens von Rainer Maria Rilke (1875–1926) zeigt. Die ausgewählten drei Gedichte gehören in die frühe, impressionistische Schaffensphase (*Abend*, 1895), in die mittlere, von der Auseinandersetzung mit Auguste Rodins Kunstbegriff in Paris geprägte Phase (*Die Flamingos*, 1907/08) und in den von Krisen geprägten Übergang in die späte Phase (*Der Tod*, 1915).

Das frühe Gedicht *Abend* (entstanden und erschienen 1895) steht in der impressionistischen Tradition; es ist sehr klangvoll. Ein traditionelles Reimschema schließt die Verse ab, die Sinneinheiten werden über Enjambements verbunden. Die strophenabschließenden Reimwörter »aus« und »sät« fungieren als Ruhepunkt und spiegeln so den Tagesausgang wider. Die regelmäßigen trochäischen Vierheber wirken getragen und verleihen dem Gedicht einen melancholisch-elegischen Tonfall. Impressionistisch anmutend wird der Übergang vom Tag zur Nacht dargestellt – die letzten Lichtstrahlen des Tages verschwinden (»rot«, Strophe 1) und diamanten leuchten die Sterne der Nacht auf (»blau«, Strophe 2). Personifiziert zeigt sich in der Sonne (V. 2) die Müdigkeit; die ebenso personifizierte Nacht besitzt die Fähigkeit, Sterne auszusäen (V. 7/8). Synästhetisch werden die blasser werdenden Farben mit dem Ausklingen eines Musikstücks, der »Schlussoktaven« (V. 3), verschränkt.

Rilkes Russlandreisen 1899 und 1900 führten ihn zu einer eigenen unverkennbaren Dichtersprache: In seiner Gedichtsammlung *Stundenbuch* (1899–1903 entstanden) sucht er mit Hingabe in den Erscheinungen der Welt nach der göttlichen Seele. 1902 ließ sich Rilke in Paris nieder; er sollte eine Monografie über Auguste Rodin schreiben. Rilke arbeitete einige Zeit für ihn als Sekretär – es entstand eine Künstlerfreundschaft. Rodins Ethos, den Künstlerberuf als Pflicht zur Arbeit, zur höchsten Leistung zu sehen, beeindruckte Rilke ebenso nachhaltig wie seine Kunstauffassung. Rilke transformierte die darstellende Kunst in die Sprache: Er sah den Gegenstand des Gedichts als ein in sich selbst geschlossenes Ding, das im Raume steht (Dinggedicht). Rilke besuchte den Pariser Jardin des Plantes – zeitgenössische Fotografien geben uns einen Blick auf die Dinge, wie sie Rilke sah und durch seine subjektive Wahrnehmungsperspektive im Gedicht eine neue, plastische Tiefe verleiht. Schulisch bekannte Gedichte sind *Das Karussell* oder *Der Panther* – weniger bekannt das vorliegende Gedicht *Die Flamingos* (entstanden 1907 oder 1908), ein Sonett (mit Reimvariante im letzten Terzett) aus jambischen Fünfhebern, in das hochkomplex eine Auseinandersetzung mit der aktuellen Kunstdiskussion und eine poetologische Selbstverständigung Rilkes hineinverwoben sind:[1] Die betrachteten »Objekte«, Flamingos im Jardin des Plantes, deren (zarte) Farben, ihre Haltung und Bewegung bis hin zum Verbergen des Kopfes im eigenen Gefieder sowie die plötzliche Veränderung durch Kreischen anderer Vögel werden in Bezug gesetzt zur (erotisch geprägten) Rokoko-Malerei Jean-Honoré Fragonards (1732–1806), die die Flamingos aber überbieten (»verführender als Phryne«, V. 8, Modell für die sog. Aphrodite von Knidos, Inbegriff antiker Schönheit). In einer überraschenden Wendung wird diese Eigenschaft aber selbstreflexiv gewendet: Sie verführen »sich selber« (V. 9) – so wird das Verbergen des Kopfes im eigenen Gefieder (»Weiche«) gedeutet. Diese Aussage wird formal überaus deutlich hervorgehoben durch das Enjambement über die Strophengrenze in das erste Terzett hinein und lässt sich auf das In-sich-Abgeschlossene des »Kunst-Dings« beziehen. Die plötzliche Störung des Bildes (»Auf einmal«, V. 12) veranlasst das Verschwinden der Flamingos »ins Imaginäre« (V. 14), also – so kann man ergänzen – in das reine »Kunst-Ding«, ein an sich seiendes, absolutes Gebilde.

Das Gedicht *Der Tod*, verfasst am 9. November 1915 (also während des Ersten Weltkriegs) in München, erschien 1919 und hat nochmals einen ganz anderen Charakter als *Die Flamingos*, insofern es mit privaten

1 Vgl. dazu ausführlich etwa: Johannes Ungelenk, »Rainer Maria Rilkes ›Die Flamingos‹. Ein Kling(-ge-)ding«, in: *Hofmannsthal Jahrbuch. Zur europäischen Moderne* 25 (2017), S. 163–192 (online: www.nomos-elibrary.de/10.5771/9783968216850-163/rainer-maria-rilkes-die-flamingos-ein-kling-ge-ding?page=1, Stand: 17. 1. 2023).

Symbolen und Metaphern arbeitet, Chiffren wie Tod oder »Sternenfall«. Es wird in der Forschung als »Meilenstein auf dem Weg ins Spätwerk« gesehen.[2] Das Gedicht hat einen prosaischen Charakter; die freirhythmischen Verse sind inhaltlich über zahlreiche Enjambements, klanglich durch Reimpaare und umarmende Reime verbunden. Es ist von einer hermetischen Bildsprache geprägt, in der bereits expressionistische Motive wie Krankheit, Sterben und Tod erscheinen. Das Bild des »bläuliche[n] Absud[s]« (V. 1) symbolisiert entweder den Tod oder steht für beim Suizid verwendete Blausäure (die allerdings farblos ist, vgl. V. 11: »Gift«), macht jedenfalls den Tod zum Gegenstand des Gedichts. Ungewöhnlich ist der Standort der Tasse »auf dem Rücken einer Hand« (V. 4), der Unsicherheit darstellt; die »aufgebrauchte[ ] Schrift« (V. 7) deutet Vergänglichkeit an. Gebrochen wie der Henkel ist die Hoffnung des lyrischen Ich, im Schriftbild verstärkt durch den ›Zerfall‹ des Worts mittels Trennstrich: »Hoff-nung« (V. 6). Dieser ausgedrückten Hoffnungslosigkeit steht exponiert in V. 10 f. die Frage gegenüber: »Was sind das für Wesen, / die man zuletzt wegschrecken muss mit Gift?« Die Frage, wer die »Wesen« sind, ist kaum zu beantworten, die hoffnungslosen Gedanken? Möglicherweise verallgemeinernd der Mensch als solcher? Dann wären die folgenden Verse ein Plädoyer dafür, den Tod als Teil des Lebens zu akzeptieren, denn »dieses Essen voller Hindernis« (V. 13) scheint ja nicht erstrebenswert. Die »harte Gegenwart / ausnehmen« (V. 14 f.) ist ein weiteres Bild für den Weg in den Tod. Metaphorisch wird im schonungslosen Blick die »harte Gegenwart« (V. 14) als »künstliches Gebiss« (V. 15) verbildlicht. Das Gedicht klingt in dem besonderen Reimpaar des onomatopoetischen »Gelall« (V. 16) und dem starken Bild »Sternenfall« (V. 17) aus, das auch in das semantische Feld Untergang bzw. Tod gehört. Der abschließende Imperativ »Stehn!« (V. 20), an das lyrische Ich selbst gerichtet, nimmt V. 1 wieder auf (»Da steht der Tod«), eine Aufforderung, die harte Wahrheit des Todes auszuhalten?

Diese Interpretationen sind Andeutungen und zugleich Vereindeutigungen, die der Sinn- und Bedeutungsvielfalt des Gedichts nicht vollständig gerecht werden können. (Mit dem »Sternenfall« zitiert Rilke etwa das persönliche Erlebnis eines stürzenden Meteors auf einer Brücke in Toledo, dessen Bedeutungsdimensionen sehr privat und nur schwer erschließbar sind.) Ziel des Unterrichts ist es, am Beispiel Rilkes die Umbrüche nicht nur innerhalb einer Epoche, sondern innerhalb einer Biografie zu verdeutlichen.

2 Beda Allemann, *Zeit und Figur beim späten Rilke. Ein Beitrag zur Poetik des modernen Gedichtes*, Pfullingen 1961, S. 79.

Unterrichtsverlauf

Überblick. Anhand von Rilkes Dichterbiografie lernen die Schülerinnen und Schüler (schlaglichtartig) verschiedene Schaffensperioden kennen und setzen sich differenziert mit den Zusammenhängen literarischer Strömungen und schreibbiografischer Entwicklungen auseinander.

Phase	Thema	Sozialform	Kompetenzen/Lernziele	Materialien
9.1	Einstieg: Bildimpulse	UG	• Exemplarische Faktoren schriftstellerischen Schaffens diskutieren • Rilkes Biografie in Grundzügen kennen lernen	VORLAGE 9 ➤ S. 67
9.2	Erarbeitung 1: Analyse und Deutung von *Abend* (1895)	EA / PA	• Formale und inhaltliche Charakteristika erschließen und diskutieren	ARBEITSBLATT 9a ➤ S. 70 ARBEITSBLATT 5b ➤ S. 42 f.
9.3	Sicherung 1: Ergebnispräsentation	UG	• Ergebnisse präsentieren und Argumente formulieren, die impressionistische Merkmale stützen	ARBEITSBLATT 9a ➤ S. 70
9.4	Erarbeitung 2: Hinführung zum Dinggedicht *Die Flamingos* (1907/08)	PA	• Betrachtung einer zeitgenössischen Fotografie und Austausch über die Wirkung des Motivs	ARBEITSBLATT 9b ➤ S. 71–73

9.5	Erarbeitung 3: Biografische und poetologische Zeugnisse auswerten	EA / PA (UG)	• Lesen und Auswerten selbstreflexiver Aussagen Rilkes über seine Poetik • Verständnis in eigenen Worten formulieren	ARBEITSBLATT 9b ➤ S. 71–73 TAFELBILD 9 ➤ S. 68
9.6	Erarbeitung 4: Erschließung von Objektebene und subjektiver Wahrnehmungsebene im Gedicht *Die Flamingos*	EA / PA	• Anwendung des erworbenen Wissens • Aspektfokussierte Analyse	ARBEITSBLATT 9b ➤ S. 71–73
9.7	Sicherung 3: Vorstellung der Ergebnisse	UG	• Auswertung der Ergebnisse	ARBEITSBLATT 9b ➤ S. 71–73
9.8	Erarbeitung 5: *Der Tod* – ein Lautdenkprotokoll erstellen	PA	• Im wechselseitigen Gedichtvortrag Gedanken und Beobachtungen äußern und notieren	ARBEITSBLATT 9c ➤ S. 74
9.9	Sicherung 4: Exemplarische Einblicke in die Protokolle	UG	• Diskussion weiterer Beobachtungen	ARBEITSBLATT 9c ➤ S. 74
9.10	Erarbeitung 6: Leitfragen zur inhaltlich-thematischen Erschließung	EA / PA	• Anhand des Lautdenkprotokolls die Leitfragen zur inhaltlich-thematischen Erschließung beantworten	ARBEITSBLATT 9c ➤ S. 74
9.11	Sicherung 5: Gemeinsamer Austausch zu Inhalt und Thema	UG	• Besprechung der Ergebnisse	ARBEITSBLATT 9c ➤ S. 74
9.12	Erarbeitung 7: Interpretation eines Gedichtauszugs	EA / PA	• Sich interpretatorisch mit den Schlussversen auseinandersetzen	ARBEITSBLATT 9c ➤ S. 74
9.13	Transfer und Vertiefung: Vergleichende Betrachtung	UG	• Erworbenes Wissen anwenden: die Entwicklung zentraler sprachlicher und gestalterischer Merkmale aufzeigen	ARBEITSBLATT 9c ➤ S. 74

Hinweis: Das vorliegende Modul ist ein Langkapitel. Unter Wegfall des Aspekts der dichterischen Entwicklung Rilkes können die Gedichte auch einzeln im Unterricht besprochen werden. So können die Unterrichtsschritte 9.2–9.3 (zu *Abend*), 9.4–9.7 (zu *Die Flamingos*) und 9.8–9.12 (zu *Der Tod*) auch jeweils in Einzelstunden behandelt werden.

9.1 Einstieg: Bildimpulse

Unterrichtsschritt. In chronologischer Reihung betrachten die Schülerinnen und Schüler die Fotografien mit Rainer Maria Rilke auf VORLAGE 9 ***Rainer Maria Rilke (1875–1926)*** und äußern zunächst spontan ihre Eindrücke. In welchem Zusammenhang die Fotografien mit der Entwicklung des schriftstellerischen Schaffens stehen können, wird im gemeinsamen Unterrichtsgespräch diskutiert: Die Herkunft, gesellschaftspolitische Erfahrungen, zwischenmenschliche Begegnungen, Schreiberfahrungen, unterschiedliche Lebensorte sind Faktoren, die das schriftstellerische Schaffen beeinflussen können. Über die Lebensdauer hinweg können so verschiedene Stile erprobt und entwickelt werden. Biografische Informationen zu Rilke können im Lehrervortrag ergänzt werden.

UG

VORLAGE 9 ➤ S. 67

Erläuterungen zu den Abbildungen VORLAGE 9 :

1. Rainer Maria Rilke wurde am 4. Dezember 1875 in Prag geboren. Nach dem frühen Tod einer Tochter, den die Mutter nicht verwunden hatte, betrachtete sie ihn als Ersatz für diese und erzog ihn – in überbehütender Weise – als Mädchen. Mädchenkleider wie auf dem Foto von 1879 waren damals allerdings für Jungen im Kleinkindalter nicht unüblich. Der Vater sah allerdings eine Militärlaufbahn vor (die ihm selbst verwehrt worden war). Die Jahre auf der Militärschule St. Pölten waren für Rilke traumatisch. (Foto: Beran & Benda, Prag / DLA Marbach.)

2. Von 1902 bis zum Kriegsausbruch 1914 verbrachte Rilke viel Zeit in Paris (auch wenn seine Lebensführung recht unstet war und er viel reiste). 1905/06 war er Sekretär des Bildhauers Auguste Rodin, der für die Entwicklung seiner künstlerischen Anschauungen sehr wichtig wurde. In Paris entstanden wichtige Werke, insbesondere die beiden Bände der *Neuen Gedichte* (1907/08). In ihnen wandte er sich der Form der Dinggedichte zu, zu denen auch das in dieser Unterrichtsstunde behandelte *Die Flamingos* gehört. (Foto: DLA Marbach.)

3. Der Kriegsausbruch 1914 überrascht Rilke auf einer Reise nach Deutschland; er kann nicht nach Paris zurückkehren. Anfängliche Kriegsbegeisterung weicht sehr schnell einer tiefen Erschütterung. 1916 wird er in das österreichisch-ungarische Heer einberufen, nach einer kurzen Tätigkeit im Kriegsarchiv in Wien aber entlassen. (Foto: DLA Marbach.)

4. Seit 1919 lebt Rilke vorwiegend in der Schweiz. Er schloss Freundschaft mit dem französischen Lyriker Paul Valéry (1871–1945), dessen Dichtungen er auch ins Deutsche übertrug. Hier entstand sein bedeutendes Spätwerk, insbesondere die *Duineser Elegien* und *Die Sonette an Orpheus* (beide 1923 erschienen). 1923 erkrankte er an Leukämie und starb am 29. Dezember 1926 in einem Sanatorium in der Nähe von Montreux. (Foto: DLA Marbach.)

Basisinformationen zu Rilkes Lebenslauf gibt es auch online (Stand: 15.1.2022):

- wortwuchs.net/lebenslauf/rainer-maria-rilke/#biografie
- www.dhm.de/lemo/biografie/rainer-maria-rilke.html
- www.rainermariarilke.de/deutsch/biografie.html

9.2 Erarbeitung 1: Analyse und Deutung von *Abend* (1895)

EA / PA

ARBEITSBLATT 9a
➤ S. 70
ARBEITSBLATT 5b
➤ S. 42 f.

Unterrichtsschritt. Formal und inhaltlich ist dieses Gedicht leicht zugänglich, so dass die Arbeitsaufträge auf ARBEITSBLATT 9a ***Der junge Dichter Rainer Maria Rilke***, die klanglich-formale Aspekte und inhaltliche Aspekte fokussieren, von allen Schülerinnen und Schülern ohne Hilfestellungen bearbeitet werden können. Die Diskussion der impressionistischen Lesart fordert die Schülerinnen und Schüler auf, das über den literarischen Impressionismus Gelernte ggf. zu rekapitulieren (vgl. Text M 2 auf ARBEITSBLATT 5b) und auf dieses Gedicht anzuwenden.

9.3 Sicherung 1: Ergebnispräsentation

UG

ARBEITSBLATT 9a
➤ S. 70

Unterrichtsschritt. Die Lehrkraft entscheidet je nach Lernstärke des Kurses, inwieweit die Ergebnisse der Bearbeitung von ARBEITSBLATT 9a präsentiert und diskutiert werden.

Erläuterungen. Folgende Argumente, die das Gedicht als impressionistisch ausweisen, können genannt werden. Dargestellt wird bei formaler Strenge (zwei Strophen mit umarmenden Reimen, durchgängig trochäischer Vierheber) ein subjektiver Eindruck der Realität: sehr ausdifferenzierte Hör- und Seheindrücke vom Sonnenuntergang; Synästhesien (»rot« – »ernste Schlussoktaven«); besondere, bildkräftige Verben (schlafen gehen, ausklingen, haschen, säen); kühne Bildkompositionen (das Schlafen-Gehen der Sonne parallelisiert mit Schlusssequenz eines Musikstücks, Einbruch der Dunkelheit als Säen von Diamanten). Rilke verwandelt das innerlich Erlebte eines Sonnenuntergangs in eine sprachliche Form.

9.4 Erarbeitung 2: Hinführung zum Dinggedicht *Die Flamingos* (1907/08)

PA

ARBEITSBLATT 9b
➤ S. 71–73

Unterrichtsschritt. In Partnerarbeit betrachten die Schülerinnen und Schüler die zeitgenössische Fotografie M 1 auf ARBEITSBLATT 9b ***Rilkes mittlere Phase: Das Gedicht »Die Flamingos« (1907/08)*** und tauschen sich über die Wirkung des Motivs aus. Die Ergebnisse werden individuell stichwortartig festgehalten. Sie können im weiteren Verlauf bei der Diskussion der subjektiven Wahrnehmungsperspektive im Gedicht *Die Flamingos* aufgegriffen werden (Arbeitsauftrag 1).

9.5 Erarbeitung 3: Biografische und poetologische Zeugnisse auswerten

EA / PA
(UG)

ARBEITSBLATT 9b
➤ S. 71–73
TAFELBILD 9
➤ S. 68

Unterrichtsschritt. Die Schülerinnen und Schüler lesen die Briefauszüge Rilkes und fassen die zentralen Aussagen zur poetischen Reflexion und Entwicklung in Stichworten zusammen (ARBEITSBLATT 9b, Arbeitsauftrag 2). Die Ergebnisse werden mit einem Lernpartner ausgetauscht; bei schwächeren Lerngruppen empfiehlt sich eine gemeinsame Erarbeitung der Ergebnisse im Unterrichtsgespräch mit Sicherung im TAFELBILD 9. Die Lehrkraft führt abschließend den Begriff »Dinggedicht« ein.

VORLAGE 9

Rainer Maria Rilke (1875–1926)

1 Rainer Maria Rilke, 1879

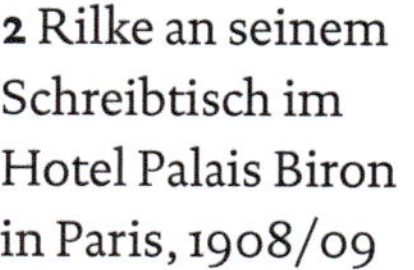

2 Rilke an seinem Schreibtisch im Hotel Palais Biron in Paris, 1908/09

3 Rilke zur Zeit seines Militärdienstes, aus dem österreichischen Kriegsarchiv Wien, 1916

4 Rilke mit dem französischen Schriftsteller Paul Valéry (neben dessen Büste) in Anthy-sur-Léman am Genfer See, 13. September 1926

TAFELBILD 9

Rilkes Gestaltung des »Kunst-Dings«

- Entstehung des »Kunst-Dings« liegt nach Rilke in der Wahrnehmung
- Das »Kunst-Ding« ist die Vermittlung zwischen Form und Realität
- Das Dinggedicht wird bezeichnet als ein an sich seiendes, absolutes Gebilde
- Es besteht ein individueller Bezug zum Objekt (subjektive Wahrnehmungsperspektive ist wichtiger als das empirische Ding; verleiht dem Gedicht eine plastische Tiefendimension)
- Rilke beschreibt nicht das Ding, sondern die subjektive Wirkung, die von ihm ausgeht.
- »Übersetzung« der visuellen Erscheinung eines Dings durch anschauliche Gestaltungstechniken

➤ Unterschied zur impressionistischen Phase: Rilke sucht nicht sprachliche Bilder für Erfahrungen des lyrischen Ich, sondern strebt nach dem einem beobachteten »Ding« bereits innewohnenden Wesen oder Ausdruck. Aus der subjektiven Wiedergabe wurde ein poetologisches Konzept, das im Gedicht *Die Flamingos* in der Deutung der Wasserspiegelung zum Ausdruck kommt.

9.6 Erarbeitung 4: Erschließung von Objektebene und subjektiver Wahrnehmungsebene im Gedicht *Die Flamingos*

EA / PA

ARBEITSBLATT 9b
➤ S. 71–73

Unterrichtsschritt. Die Schülerinnen und Schüler lesen Rilkes Gedicht *Die Flamingos* und analysieren es mit Blick auf die Objektebene und die subjektive Wahrnehmungsweise (ARBEITSBLATT 9b, M 3, Arbeitsaufträge 3 und 4). Die Ergebnisse werden zunächst in Partnerarbeit verglichen.

UG

9.7 Sicherung 3: Vorstellung der Ergebnisse

ARBEITSBLATT 9b
➤ S. 71–73
Lösungshinweise
➤ S. 119

Unterrichtsschritt. Die Ergebnisse der Bearbeitung von M 3 auf ARBEITSBLATT 9b werden gemeinsam ausgewertet und miteinander verglichen. Gegebenenfalls kann mit Blick auf die Gestaltung eines Dinggedichts nochmals auf die Briefauszüge (M 2) verwiesen werden.

9.8 Erarbeitung 5: *Der Tod* – ein Lautdenkprotokoll erstellen

PA

ARBEITSBLATT 9c
➤ S. 74
Lösungshinweise
➤ S. 120

Unterrichtsschritt. Im wechselseitigen Gedichtvortrag äußern und notieren die Schülerinnen und Schüler ihre Gedanken und Beobachtungen (ARBEITSBLATT 9c ***Auf dem Weg in Rilkes Spätwerk***, Arbeitsauftrag 1): Ein Lernpartner beginnt und nimmt sich einen Vers oder einen kleinen Sinnabschnitt (je nach Gedichtgestaltung) vor. Dieser wird laut vorgesprochen. Spontan äußert er dazu seine Gedanken und Beobachtungen. Der andere Lernpartner hört zu, notiert das Gesagte und kann sich ebenso dazu äußern – die Äußerungen werden vom nun zuhörenden Lernpartner aufgenommen. Danach werden die Rollen getauscht. Jeder Lernpartner sollte in etwa den gleichen Anteil an Redezeit bzw. Zeit zum Zuhören und Notieren haben. Bei unterschiedlicher Lernstärke können diese Teile auch variieren. Nach diesem wechselseitigen Verfahren können strittige Punkte aufgegriffen und diskutiert werden. Dieser Phase sollte ausreichend Zeit eingeräumt werden.

9.9 Sicherung 4: Exemplarische Einblicke in die Protokolle

UG

ARBEITSBLATT 9c
➤ S. 74

Unterrichtsschritt. Zum Abgleich des Arbeitsstands können exemplarisch Auszüge aus den Lautdenkprotokollen vorgestellt werden (ARBEITSBLATT 9c). Je nach Leistungsstärke muss die Lehrkraft wichtige Textstellen nochmals im Plenum zur Diskussion stellen. Der Begriff und Rilkes Verwendung der hermetischen Metaphernsprache kann in diesem Zuge geklärt werden.

9.10 Erarbeitung 6: Leitfragen zur inhaltlich-thematischen Erschließung

Unterrichtsschritt. Anhand des Lautdenkprotokolls beantworten die Schülerinnen und Schüler Leitfragen zur inhaltlich-thematischen Erschließung des Gedichts: ARBEITSBLATT 9c, Arbeitsauftrag 2.

EA / PA

ARBEITSBLATT 9c
➤ S. 74

9.11 Sicherung 5: Gemeinsamer Austausch zu Inhalt und Thema

Unterrichtsschritt. Im Unterrichtsgespräch werden die Ergebnisse der inhaltlich-thematischen Erschließung (ARBEITSBLATT 9c, Arbeitsauftrag 2) besprochen und ggf. Verständnisprobleme diskutiert und erläutert.

UG

ARBEITSBLATT 9c
➤ S. 74

9.12 Erarbeitung 7: Interpretation eines Gedichtauszugs

Unterrichtsschritt. Aufbauend auf die vorigen Erarbeitungsphasen können die Schülerinnen und Schüler das Gedicht nun inhaltlich zusammenfassen und das Thema sowie mögliche Deutungsansätze formulieren (ARBEITSBLATT 9c, Arbeitsauftrag 3).

EA / PA

ARBEITSBLATT 9c
➤ S. 74

Erläuterungen. Die Aufgabenstellung verlangt die interpretatorische Auseinandersetzung mit den Schlussversen ab Vers 14. Hier werden Klang, Sprache sowie die metaphorischen Verbindungen besonders in den Blick genommen. Mögliche Beobachtungen: »Ihnen« (V. 14) kann auf die Menschen allgemein bezogen werden; »die harte Gegenwart / ausnehmen, wie ein künstliches Gebiss« (V. 14 f.) wird als bereits expressionistisches Bild verstanden, das für das Sterben steht. »Gelall« (V. 16) ist onomatopoetisch; V. 16 f. stellt sprachlich-klanglich den Sterbeprozess und Tod nach (Abbrechen der Rede mit größeren Räumen im Druckbild, Zerfall der Syntax mit Wortwiederholung sowie der Zeile mit Punkten als Schweigen). Das Reimwort »Sternenfall« (V. 18) wirkt im Kontrast poetisch, bezeichnet aber auch einen Absturz/Untergang. Die »Brücke« (V. 19) kann als Übergangsort zwischen Leben und Tod (an dem der Mensch stets steht) verstanden werden. Der letzte Vers fordert vom lyrischen Ich, den Tod (als Bestandteil des Lebens) auszuhalten und ihn »nicht [zu] vergessen«. Der Imperativ »Stehn!« schließt das Gedicht mit der Aufforderung zum ›Standhalten‹ ab und knüpft zugleich an V. 1 an, in dem mit dem gleichen Verb die Unerbittlichkeit des Todes an den Anfang gestellt wurde: »Da steht der Tod«.

9.13 Transfer und Vertiefung: Vergleichende Betrachtung

Unterrichtsschritt. Die Schülerinnen und Schüler wenden ihr in dieser Einheit erworbenes Wissen an und zeigen die Entwicklung zentraler sprachlicher und gestalterischer Merkmale in der Lyrik Rilkes auf. Fakultativ können weitere Gedichte des Autors aus der Anthologie *50 Gedichte um 1900* daraufhin untersucht und einbezogen werden (ARBEITSBLATT 9c, Arbeitsauftrag 4).

UG

ARBEITSBLATT 9c
➤ S. 74

Der junge Dichter Rainer Maria Rilke

RAINER MARIA RILKE

Abend

Einsam hinterm letzten Haus
geht die rote Sonne schlafen,
und in ernste Schlussoktaven
klingt des Tages Jubel aus.

Lose Lichter haschen spät
noch sich auf den Dächerkanten,
wenn die Nacht schon Diamanten
in die blauen Fernen sät.

R. M. R.: Werke. Komm. Ausg. in vier Bänden. Bd. 1: Gedichte 1895–1920. Hrsg. von Manfred Engel und Ulrich Fülleborn. Frankfurt a. M.: Insel, 1996. S. 20. [Behutsam modernisiert.]

Arbeitsaufträge:

1. Lesen und sprechen Sie das 1895 entstandene Gedicht. Halten Sie Ihre ersten Eindrücke schriftlich fest und formulieren Sie den Inhalt des Gedichts.
2. Untersuchen Sie das Gedicht formal unter besonderer Berücksichtigung der Klanggestaltung. Notieren Sie die Ergebnisse.
3. Untersuchen Sie die poetische Gestaltung der Bildeindrücke unter besonderer Berücksichtigung des Wahrgenommenen.
4. Diskutieren Sie eine impressionistische Lesart des Gedichts.

Rilkes mittlere Phase: Das Gedicht *Die Flamingos* (1907/08)

M 1

»Paris – Jardin des Plantes – La grande volière«, Postkarte (undatiert, Anfang 20. Jahrhundert)

Die zeitgenössische Fotografie zeigt den Jardin des Plantes, einen botanischen Garten im Südosten von Paris mit der Ménagerie, einem 1793 gegründeten Zoo. Solche Fotografien konnten vielfach als Ansichtskartenkonvolut erworben werden. Parisbesucher kauften diese Serien als Reiseerinnerungen für ihre Fotoalben oder verschickten sie als Postkarte in die ganze Welt.

M 2 Rilkes Gestaltung des »Kunst-Dings«

1902 lässt sich Rilke in Paris nieder und arbeitet als Sekretär des bildenden Künstlers Auguste Rodin. Rilkes Auseinandersetzung mit Rodin prägt seine neue Poetik. Rilke rühmt Rodins Fähigkeit, »Dinge zu bauen« – er schreibt dazu in einer Schlüsselpassage an Lou Andreas-Salomé vom 8. August 1903:

»Da es ihm [Rodin] gegeben ward, Dinge zu sehen in allem, erwarb er die Möglichkeit: Dinge zu bauen; denn dieses ist seine große Kunst. […] Denn es ist nichts Ungewisses für ihn an einem Gegenstande, der ihm zum Vorbild dient: da sind tausend kleine Flächenelemente in den Raum hineingepasst und seine Aufgabe ist, wenn er danach ein Kunstwerk schafft: das Ding noch inniger, noch fester, noch tausendmal besser in den weiten Raum einzufügen, gleichsam so, dass es sich nicht rührt, wenn man daran rüttelt. Das Ding ist bestimmt, das Kunst-Ding muss noch bestimmter sein; von allem Zufall fortgenommen, jeder Unklarheit entrückt, der Zeit enthoben und dem Raum gegeben, ist es dauernd geworden, fähig zur Ewigkeit. Das Modell *scheint*, das Kunst-Ding *ist.*«

Rainer Maria Rilke: Briefe. Hrsg. vom Rilke Archiv in Weimar. Bd. 1: Briefe aus den Jahren 1897 bis 1914. Wiesbaden: Insel, 1950. S. 55.

Im gleichen Brief betont Rilke die besondere Wirklichkeit, die ein Gedicht besitzen muss:

»[…] in einem Gedicht, das mir gelingt, ist viel mehr Wirklichkeit als in jeder Beziehung oder Zuneigung, die ich fühle.«

Ebd.

Am 8. März 1907 schreibt Rilke aus Capri an seine Frau Clara Rilke (geb. Westhoff):

»Sammele nur noch viele Eindrücke; […] alles das Unwichtige, das oft bedeutsam wird durch eine vorübergehende Intensität unseres Sehens oder weil es an einer Stelle vor sich geht, wo es vollkommen wird in all seiner Nebensächlichkeit und unaufhörlich gültig und von tiefer Deutsamkeit für irgendeine persönliche Einsicht, die, im selben Augenblick in uns auftretend, mit jenem Bild sinnvoll zusammenfällt.[…] Mir geht es jetzt oft so, dass irgendein Gesicht mich so anrührt; am Morgen z. B., so wie sie jetzt meistens hier einsetzen; man hat schon viel Sonne gehabt ganz früh, eine Menge Helligkeit, und wenn dann plötzlich im Schatten einer Gasse ein Gesicht einem hingehalten wird, so sieht man, unter dem Einfluss des Kontrastes, sein Wesen mit solcher Deutlichkeit (Deutlichkeit der Nuancen), dass der momentane Eindruck sich unwillkürlich zum symbolischen steigert.«

Rainer Maria Rilke: Briefe aus den Jahren 1906 bis 1907. Leipzig: Insel, 1930. S. 213 f.

M 3 Rainer Maria Rilke: *Die Flamingos*

Objektebene / Realität	Subjektive Wahrnehmungsperspektive

RAINER MARIA RILKE

Die Flamingos

Jardin des Plantes, Paris

In Spiegelbildern wie von Fragonard
ist doch von ihrem Weiß und ihrer Röte
nicht mehr gegeben, als dir einer böte,
wenn er von seiner Freundin sagt: sie war

noch sanft von Schlaf. Denn steigen sie ins Grüne
und stehn, auf rosa Stielen leicht gedreht,
beisammen, blühend, wie in einem Beet,
verführen sie verführender als Phryne

sich selber; bis sie ihres Auges Bleiche
hinhalsend bergen in der eignen Weiche,
in welcher Schwarz und Fruchtrot sich versteckt.

Auf einmal kreischt ein Neid durch die Volière;
sie aber haben sich erstaunt gestreckt
und schreiten einzeln ins Imaginäre.

Rainer Maria Rilke: Gedichte. Ausw. und Nachw. von Dietrich Bode. Stuttgart: Reclam, 1997 [u. ö.]. S. 160

Worterläuterungen:
1 Fragonard: Jean-Honoré Fragonard (1732–1806), Maler des Rokoko, der Naturdarstellungen und heiter-erotische Frauenbilder malte. | **8 Phryne:** berühmteste griechische Hetäre (Geliebte wohlhabender Männer), lebte im 4. Jh. v. Chr. und stand dem Bildhauer Praxiteles Modell für die sog. Aphrodite von Knidos, die als Inbegriff antiker Schönheit galt | **12 Volière:** großer Vogelkäfig | **14 Imaginäre:** das in der Vorstellung, nicht in der Wirklichkeit Vorhandene.

Am 13. Juni 1907 besuchte Rilke in Paris eine Ausstellung mit Bildern von Fragonard und erwähnte in einem Brief an Clara Rilke vom gleichen Tag: »Fragonard hat ein paar wunderbare Akte in eigenem Licht«. Im gleichen Brief schrieb er, dass er am Vortag, dem 12. Juni 1907, »den ganzen Vormittag im Jardin des Plantes« gewesen sei. Eindrücke der beiden zeitlich sehr nahe liegenden Ereignisse scheinen in das vorliegende Gedicht eingeflossen zu sein. Das Gedicht entstand im Herbst 1907 in Paris oder im Frühling 1908 auf Capri.

Arbeitsaufträge:
1. Beschreiben Sie das Ansichtskartenmotiv (M 1). Welche Wirkung geht für Sie von diesem aus? Tauschen Sie sich darüber aus.
2. Lesen Sie die Briefauszüge Rilkes (M 2). Fassen Sie die zentralen Aussagen der poetischen Reflexion und Entwicklung in eigenen Worten zusammen. Formulieren Sie in einem Satz den Unterschied zu Rilkes impressionistischer Phase.
3. Lesen Sie Rilkes Gedicht *Die Flamingos* (M 3). Klären Sie unbekannte Begriffe.
4. Stellen Sie den Bezug zwischen dem betrachteten Objekt (vgl. Ansichtskarte M 1) und der subjektiven Wahrnehmungsperspektive dar: Welche Wirkung geht für den Betrachter, der durch das Gedicht spricht, von dem in der Realität gesehenen Motiv aus? Analysieren Sie dies und fassen Sie die Ergebnisse auf dem Arbeitsblatt stichwortartig zusammen.
5. Interpretieren Sie Rilkes Gedicht *Die Flamingos* (M 3) unter dem Aspekt des »Kunst-Dings«. Beziehen Sie Rilkes Aussagen dazu (M 2) ein.

ARBEITSBLATT 9c

Auf dem Weg in Rilkes Spätwerk

RAINER MARIA RILKE
Der Tod

Da steht der Tod, ein bläulicher Absud
in einer Tasse ohne Untersatz.
Ein wunderlicher Platz für eine Tasse:
steht auf dem Rücken einer Hand. Ganz gut
erkennt man noch an dem glasierten Schwung
den Bruch des Henkels. Staubig. Und: »Hoff-nung«
an ihrem Bug in aufgebrauchter Schrift.

Das hat der Trinker, den der Trank trifft,
bei einem fernen Frühstück ab-gelesen.

Was sind denn das für Wesen,
die man zuletzt wegschrecken muss mit Gift?

Blieben sie sonst? Sind sie denn hier vernarrt
in dieses Essen voller Hindernis?
Man muss ihnen die harte Gegenwart
ausnehmen, wie ein künstliches Gebiss.
Dann lallen sie. Gelall, Gelall ....
....

O Sternenfall,
von einer Brücke einmal eingesehn –:
Dich nicht vergessen. Stehn!

Rainer Maria Rilke: Gesammelte Werke. Hrsg. von Annemarie Post-Martens und Gunter Martens. Stuttgart: Reclam, 2015. S. 741.

Das Gedicht entstand am 9. November 1915 in München, Erstveröffentlichung im *Insel-Almanach* 1919.

Arbeitsaufträge:

1. Lesen Sie sich gegenseitig das Gedicht vor. Führen Sie wechselseitig ein Lautdenkprotokoll und notieren Sie Ihre spontan geäußerten Gedanken neben den entsprechenden Worten oder Versen oder Sinnabschnitten des Gedichts.
2. Leitfragen zur inhaltlich-thematischen Erschließung:
   - Wie werden der Tod und der Umgang mit diesem durch den lyrischen Sprecher dargestellt?
   - Welche Positionierungen nimmt der lyrische Sprecher gegenüber den Menschen und zum Tod ein?
   - Welches Menschenbild wird entworfen?
3. Sprachliche Verrätselungen und eine hermetische Metaphernsprache sind charakteristisch für die späten Gedichte Rilkes. Stellen Sie das Gedicht inhaltlich und thematisch kurz vor und interpretieren Sie anschließend die letzten Verse (V. 14–20) unter besonderer Berücksichtigung außergewöhnlicher Reimverbindungen, eines speziellen Sprachgebrauchs (Neologismen; Spiel zwischen semantischen und grammatikalischen Bezügen) und der metaphorischen Bildersprache.
4. *Abend – Die Flamingos – Der Tod* sind drei Gedichte Rilkes aus unterschiedlichen Schaffensperioden und Lebensphasen: Stellen Sie in einer vergleichenden Betrachtung dar, wie sich in der Sprach- und Bildgestaltung die Lyrik Rilkes entwickelt hat. (Es können auch weitere Gedichte Rilkes aus der Anthologie *50 Gedichte um 1900* hinzugezogen werden.)

10 Dem deutschen Expressionismus und seinen Einflüssen auf die Weltliteratur begegnen

Zu: Jorge Luis Borges, *Südlicher Morgen*, 1921 (➤ ARBEITSBLATT 10c, S. 85)

Sachanalyse

Das Gemälde *Sonnenaufgang* (1913) von Otto Dix drückt den Zeitgeist expressionistischer Künstlerinnen und Künstler aus: Gezeigt wird eine karge Winterlandschaft; Bäume stehen silhouettenhaft, schwarz angedeutet in der eingeschneiten Landschaft, die in ein blasses, mattes Licht getaucht ist. Die Bewegungen der fliegenden Krähen spiegelt sich in der wellenförmigen Beleuchtung der Schneelandschaft wider und verleiht dieser eine gewisse Dynamik: Grautöne changieren zwischen Schwarz und Weiß. Blickfang des Gemäldes ist die durchbrechende Sonne im wolkenverdunkelten Himmel. Sie schiebt die stark fülligen, schwarzen Wolken zur Seite: Das Gelb der Sonne bleibt aber ein kaltes Gelb und führt nicht zu einem Beleben der Landschaft. Die schwarzen Krähenvögel oder Raben lassen vor dem inneren Ohr des Betrachters grelle Vogelschreie ertönen, die eine unheilvolle Ankündigung erahnen lassen.[1]

Kurt Pinthus' berühmte Lyrikanthologie *Menschheitsdämmerung* (Erstausgabe 1919) führt die expressionistischen Dichterstimmen der Zeit in ihren unterschiedlichen Ausdrucksformen zusammen. Die vier Untergliederungen – selbst expressionistische Ausdrucksformen – »Sturz und Schrei«, »Erweckung des Herzens«, »Aufruf und Empörung« und »Liebe den Menschen« zeigen die Facetten dieser literarischen Strömung auf. Die Ausdrucksnuancen der in der Anthologie versammelten Gedichte erstrecken sich über Anklage, Aufschrei, Beschwörung, Radikalität; sie sind aufständisch, kämpferisch, kompromisslos, pathetisch, spontan, grotesk und ausdrucksstark. Darstellungen der Alltagswirklichkeit, aber auch des Aufbruchsgeists sowie des Drangs nach Neueroberung stehen (visionäre) Flucht aus der Wirklichkeit gegenüber. Das Lebensgefühl der zum Teil jungen Dichtergeneration des Expressionismus wird in Simultaneitäten, Ambivalenzen und den Um- und Überformungen realistischer Bilder ausgedrückt. Gesellschaftliche Ordnungen und Konventionen werden in Frage gestellt und angegriffen. Existenzielle Umbrucherfahrungen wie Orientierungslosigkeit und Dehumanisierung durch Krieg, Großstadtentwicklung, Technikschub, gesellschaftlich-politische Revolution kommen zum Ausdruck.

Der deutsche Expressionismus fand international begeisterte Anhänger: Im Nachlass des expressionistischen Dichters Kurt Heynicke (1891–1985), der zu den 23 Autoren in Pinthus' *Menschheitsdämmerung* von 1919 gehörte, befindet sich ein Brief mit einem Gedicht, das Jorge Luis Borges (1899–1986) im März 1921 vom Dampfschiff »Reina Victoria Eugenia« aus an Heynicke schickte: Borges kam 1914 mit seiner Familie nach Europa. Sein Vater ließ sich in Genf (Schweiz) wegen eines Augenleidens behandeln. Der Ausbruch des Ersten Weltkriegs verhinderte zunächst eine Rückkehr nach Argentinien. Die Familie blieb in der Schweiz, übersiedelte 1919 nach Spanien; Borges besuchte in Genf die Schule, lernte Französisch. Hochmotiviert, Schopenhauer und Texte deutschsprachiger Expressionisten im Original zu lesen, lernte er im Selbststudium Deutsch.

In Spanien schloss er sich der literarischen Avantgarde-Bewegung an: in der avantgardistischen Zeitschrift *Ultra* veröffentlichte er eigene Texte; zudem übersetzte er Texte deutscher Expressionisten ins Spanische und machte so den Expressionismus bekannt.

Seine deutsche Übersetzung des eigenen Gedichts *Mañana* – es erschien erstmals in der spanischen Zeitschrift *Ultra* am 27. Januar 1921 in Madrid – widmet er Kurt Heynicke.[2] Der Brief bezeugt einen früheren Kontakt der Dichter. Borges bedankt sich zunächst für Heynickes Gedichtband *Das namenlose Angesicht* (Leipzig: Wolff, 1920). Der Untertitel *Rhythmen aus einer Zeit und Ewigkeit* sowie der emotionsgeladene Essayauszug auf dem Titel machen die beiderseitige Übereinstimmung hinsichtlich dichterischer Sprache und Ausdruckswillens sichtbar. Gefühlsbewegt schreibt er, er habe »mit wahrer Andacht« Heynickes Band genossen.

1 Die Provenienz des Gemäldes ist historisch interessant: Es war eine Schenkung des Künstlers Otto Dix an das Dresdner Stadtmuseum im Jahr 1920; unter den Nationalsozialisten als »entartete Kunst« beschlagnahmt, kam es nach dem Zweiten Weltkrieg über den Kunsthandel nach Westdeutschland und war Teil mehrerer privater Sammlungen, bevor es wieder in den Bestand des Dresdner Stadtmuseums zurückgeführt werden konnte.

2 Vgl. dazu im Detail: Lila Bujaldón de Esteves, »Páginas inéditas de Jorge Luis Borges. Una carta y una poesía dedicada a Kurt Heynicke testimonian el entusiasmo que sintió el joven escritor por el expresionismo alemán«, in: *Humboldt* [Goethe-Institut Inter nationes, Hamburg] 44 (2002), Nr. 136, S. 61–65.

Die dem Brief beigefügte deutsche Fassung des Gedichts *Südlicher Morgen* zielt wahrscheinlich auf die expressionistische Sprache und das dichterische Schaffen Heyneckes: Ein Vergleich der nahe am spanischen Original bleibenden Übersetzung des Schweizer Romanisten Gustav Siebenmann (geb. 1923) mit Borges' eigener Übersetzung zeigt, wie stark Borges sich an expressionistischen Ausdrucksformen orientiert, so dass man genauer von einer Nachdichtung statt einer Übersetzung sprechen muss.

Unterrichtsverlauf

Überblick. Die Schülerinnen und Schüler entdecken und erfahren expressionistische Ausdrucksweisen und setzen sich mit den Stilmerkmalen auseinander. Darüber hinaus lernen sie am Beispiel eines deutschsprachigen Gedichts von Borges Einflüsse des deutschen Expressionismus auf die Weltliteratur kennen.

Phase	Thema	Sozialform	Kompetenzen/Lernziele	Materialien
10.1	Einstieg: Zu einem Bildimpuls eine Bildlandkarte erstellen	UG	• Assoziative Bildbeschreibung • Erstellen einer Adjektivlandkarte für das Gemälde	VORLAGE 10a ➤ S. 77 TAFELBILD 10a ➤ S. 77
10.2	Erarbeitung 1: Gedichtanfänge vortragen und systematisieren	EA	• Ausdrucksformen finden und begründen • Gedichtanfänge einer Überschrift zuordnen	ARBEITSBLATT 10a ➤ S. 83 TAFELBILD 10b ➤ S. 78
10.3	Hinführung: Borges und Heynicke	LV / UG	• Zusammenhänge kennen lernen und erschließen	VORLAGE 10b ➤ S. 79 VORLAGE 10c ➤ S. 80 f. ARBEITSBLATT 10b ➤ S. 84
10.4	Erarbeitung 2: Übersetzungsvergleich	EA / PA	• Vergleichende Lektüre einüben • Merkmale des Expressionismus identifizieren	ARBEITSBLATT 10c ➤ S. 85 ARBEITSBLATT 10d ➤ S. 86
10.5	Sicherung: Vergleich der Ergebnisse	UG	• Präsentieren der Ergebnisse • Diskussion der Ergebnisse	ARBEITSBLATT 10c ➤ S. 85 ARBEITSBLATT 10d ➤ S. 86
10.6	Transfer: Weitere expressionistische Gedichte erkennen	UG	• Bezug zu expressionistischen Ausdrucksweisen herstellen	*50 Gedichte um 1900*

10.1 Einstieg: Zu einem Bildimpuls eine Bildlandkarte erstellen

UG

VORLAGE 10a ➤ S. 77

TAFELBILD 10a ➤ S. 77

Unterrichtsschritt. Die Schülerinnen und Schüler betrachten zunächst still für einige Minuten VORLAGE 10a ***Otto Dix: »Sonnenaufgang«*** und notieren auf einem Papierstreifen ein oder mehrere Adjektive, die das Bild und die dargestellte Stimmung treffend einfangen. (Bildlandkarte, Beispiel: TAFELBILD 10a).

Erläuterungen. Ein Ausdruck der VORLAGE 10a wird an die Tafel oder Wand geheftet, die Papierstreifen werden beim Gemälde an den entsprechenden Stellen angebracht und durch den Schüler oder die Schülerin kommentiert. Mögliche Nennungen sind: unheilvoll, bedrohlich, kalt, unbelebt, ausdruckstark, kontrastreich (schwarz, weiß, gelb), visionär, ahnungsvoll usw.

VORLAGE 10a

Otto Dix: *Sonnenaufgang*

Otto Dix, *Sonnenaufgang*, 1913, 50,5 × 66 cm; Städtische Galerie Dresden. –

TAFELBILD 10a

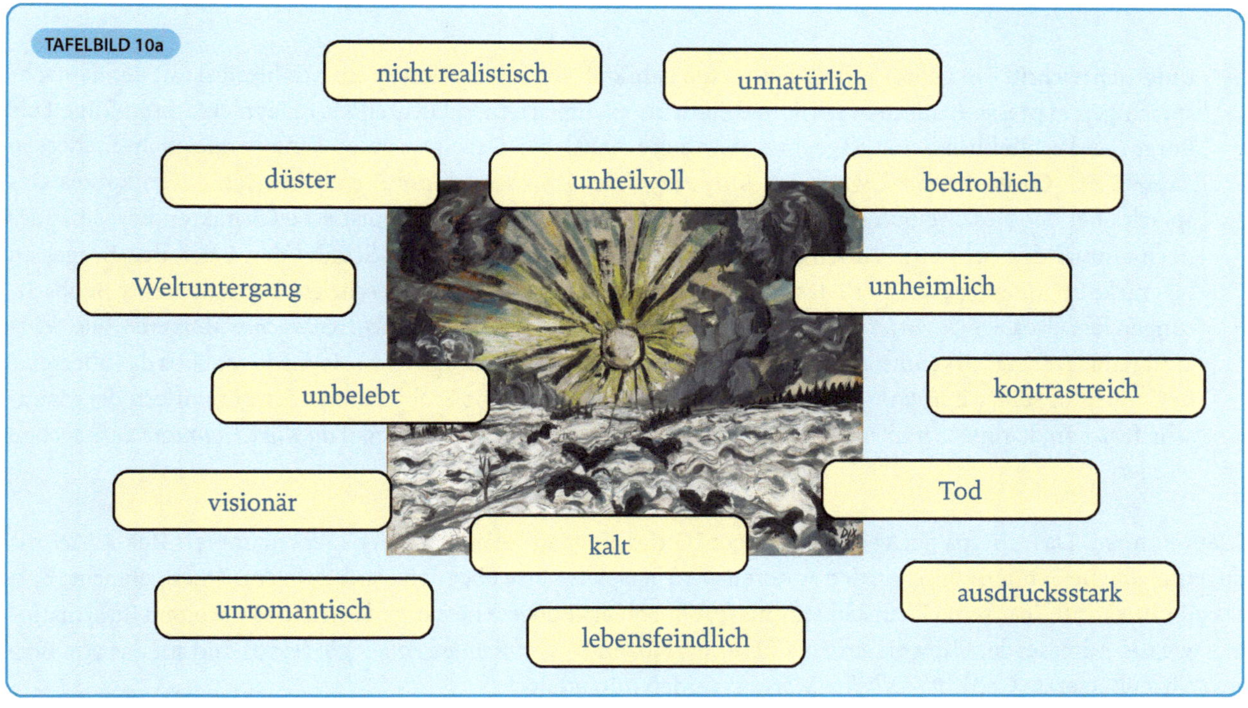

10.2 Erarbeitung 1: Gedichtanfänge vortragen und systematisieren

EA

ARBEITSBLATT 10a
➤ S. 83
TAFELBILD 10b
➤ S. 78

Unterrichtsschritt. Die Schülerinnen und Schüler erhalten von ARBEITSBLATT 10a ***Gedichtanfänge aus der Anthologie »Menschheitsdämmerung«*** jeweils einen zuvor ausgeschnittenen Gedichtanfang und werden aufgefordert, diesen möglichst ausdrucksstark in einem angemessenen Tonfall vorzutragen. Das Erproben der verschiedenen Sprecharten erfolgt zeitgleich, so dass alle Schülerinnen und Schüler sprechen und sich so selbst erproben können. Am besten erfolgt diese Phase in freier Bewegung. Sobald die Lehrkraft den Eindruck gewinnt, dass die Schülerinnen und Schüler »ihren« Ton gefunden haben, werden schlaglichtartig Verse vorgetragen. Die zuhörenden Schülerinnen und Schüler halten die Stimmungslage fest und notieren diese. Anschließend werden die Gedichtanfänge einer der vier Kapitelüberschriften der Anthologie *Menschheitsdämmerung* zugeordnet (TAFELBILD 10b)

Erläuterungen. Mögliche Adjektive sind: kämpferisch, spontan, anklagend, klagend, wissend, fragend, ironisch, zerrissen, zerstörerisch, grausam, bittend, wütend, hassend, emotional, pathetisch usw. Bei der Zuordnung im TAFELBILD 10b kommt es nicht auf »Richtigkeit« an, sondern nur auf Plausibilität. Die Kategorien sind ebenso wenig trennscharf angelegt wie die Gedichtanfänge. Es werden auf jeden Fall das thematische Spektrum und der performative Charakter der expressionistischen Dichtung wahrgenommen.

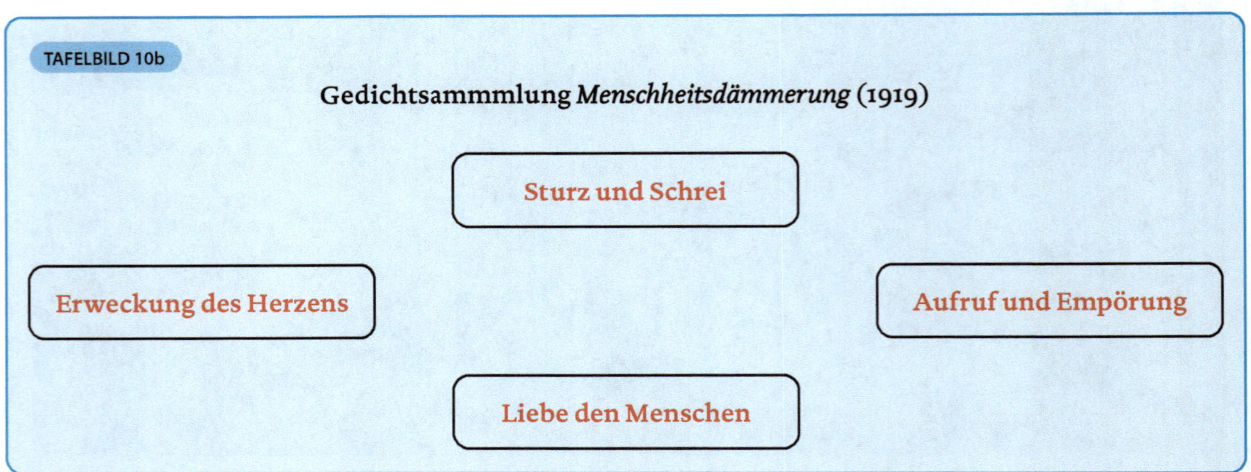

10.3 Hinführung: Borges und Heynicke

LV / UG

VORLAGE 10b
➤ S. 79
VORLAGE 10c
➤ S. 80 f.
ARBEITSBLATT 10b
➤ S. 84

Unterrichtsschritt. Im Lehrervortrag betont die Lehrkraft die internationale Ausstrahlungskraft der deutschsprachigen expressionistischen Lyrik und stellt als exemplarischen Dichter Kurt Heynicke, dann Jorge Luis Borges und schließlich deren Begegnung vor (s. Sachanalyse). Gezeigt werden kann bereits währenddessen VORLAGE 10b ***Cover des Lyrikbands von Kurt Heynicke, »Das namenlose Angesicht« (1920)***. Ein kurzes Gespräch über den Beschreibungstext schließt sich an, in dem der expressionistische Charakter dieses Bandes noch einmal deutlich wird. Anschließend sichten die Schülerinnen und Schüler den Brief, den Borges an Heynicke im März 1921 von Bord des Postdampfers Reina Victoria Eugenia schrieb, und halten ihre Beobachtungen fest (VORLAGE 10c ***Brief von Jorge Luis Borges an Kurt Heynicke. Gedicht »Südlicher Morgen«***). Die Lehrkraft flankiert diese Erkenntnisse mit weiteren Informationen zu Borges und Heynicke, so dass das übersetzte Gedicht in seiner Zeit kontextuiert wird. Sollte die Lerngruppe Probleme mit dem Entziffern der Handschrift haben, kann zusätzlich das ARBEITSBLATT 10b ***Brief von Jorge Luis Borges an Kurt Heynicke*** ausgegeben werden.

Erläuterungen. Das Briefpapier verweist auf den Verfassungsort (»Vapor Correo« ›Postdampfer‹ Reina Victoria Eugenia); die Beziehung zwischen den Autoren wird beispielsweise über den Dank zum Ausdruck gebracht; Borges gibt Auskunft über seine Deutschkenntnisse (der Fehler »Buches« bestätigt das indirekt); weitere Informationen wie die Adresse, der Hinweis auf Heynickes Lyrikband *Das namenlose Angesicht* (1920) und auf das von Borges selbst übersetzte Gedicht *Südlicher Morgen* werden mitgeteilt.

VORLAGE 10b

Cover des Lyrikbands von Kurt Heynicke, *Das namenlose Angesicht* (1920)

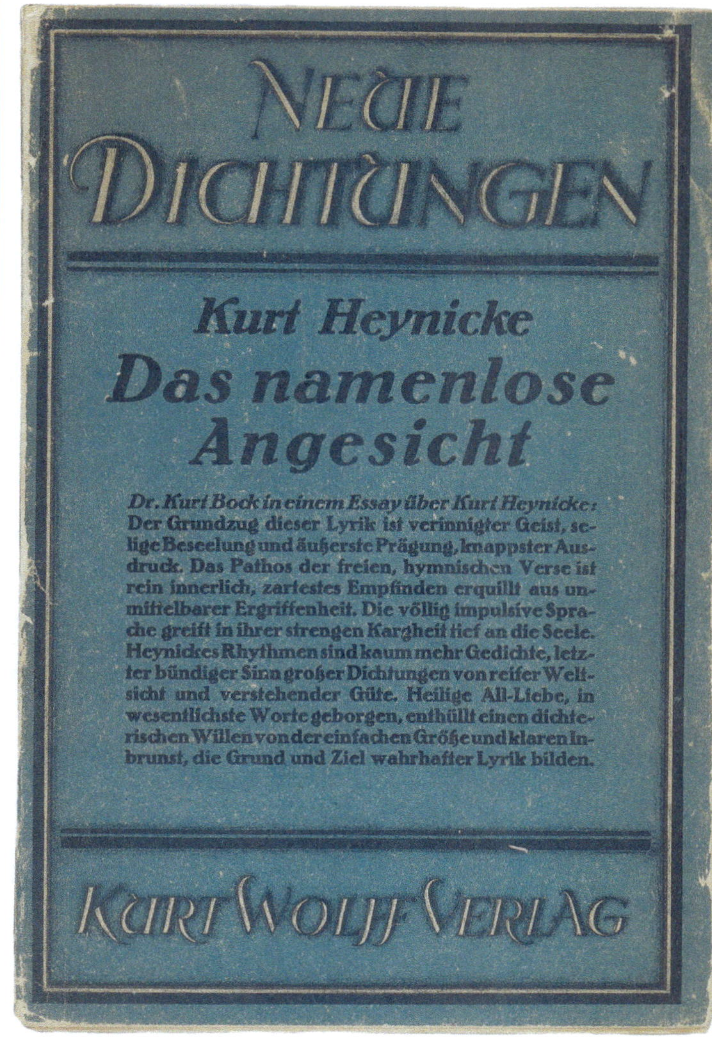

Aus dem Beschreibungstext auf dem Cover:

»*Dr. Kurt Bock in einem Essay über Kurt Heynicke:*
Der Grundzug dieser Lyrik ist verinnigter Geist […] und äußerste Prägung, knappster Ausdruck. Das Pathos der freien, hymnischen Verse ist rein innerlich, zartestes Empfinden erquillt aus unmittelbarer Ergriffenheit. Die völlig impulsive Sprache greift in ihrer strengen Kargheit tief an die Seele. Heynickes Rhythmen sind kaum mehr Gedichte […].«

10.4 Erarbeitung 2: Übersetzungsvergleich

Unterrichtsschritt. Die Schülerinnen und Schüler erhalten die beiden deutschen Versionen des spanischen Gedichts *Mañana* von Borges (ARBEITSBLATT 10c ***Übersetzungen im Vergleich***). In Einzelarbeit werden die deutschen Fassungen gelesen; zentrale Unterschiede werden farbig markiert (Arbeitsauftrag 1). In anschließender Partnerarbeit werden die Unterschiede untersucht und klassifiziert (Arbeitsauftrag 2). Schwächeren Schülern kann eine Tabelle mit vorgegebenen Untersuchungskategorien zur Hilfe gegeben werden (ARBEITSBLATT 10d ***Vergleichsaspekte***). Die Ergebnisse werden in einem Erklärungsversuch gebündelt (Arbeitsauftrag 3).

EA / PA

ARBEITSBLATT 10c
➤ S. 85
ARBEITSBLATT 10d
➤ S. 86
Internetzugang

Erläuterungen. Die Lehrkraft gibt zunächst zum Hintergrund der beiden Übersetzungen auf ARBEITSBLATT 10c eine Erläuterung: Die Übersetzung des ursprünglich spanischen Gedichts durch Gustav Siebenmann ist sehr nahe an Borges' Original. Sie steht hier stellvertretend für die spanische Fassung. Wenn die Lerngruppe (oder Teile) Spanisch beherrschen, kann auch Borges' Originaltext gezeigt oder bearbeitet werden. Mithilfe der Suchbegriffe »Borges« und »*Mañana*« ist er schnell im Internet zu finden.

Der Vergleich zielt auf die Erkenntnis ab, dass Borges in seiner Übersetzung sehr frei mit seiner eigenen Vorlage umgegangen ist (so dass eher von einer Nachdichtung gesprochen werden muss). Sie ist stark von expressionistischen Gestaltungselementen geprägt und – so kann man als Hypothese formulieren – zeigt so die Wertschätzung

VORLAGE 10c (Teil 1 von 2)

Brief von Jorge Luis Borges an Kurt Heynicke
Gedicht *Südlicher Morgen*

1. Brief von Jorge Luis Borges an Kurt Heynicke vom März 1921:

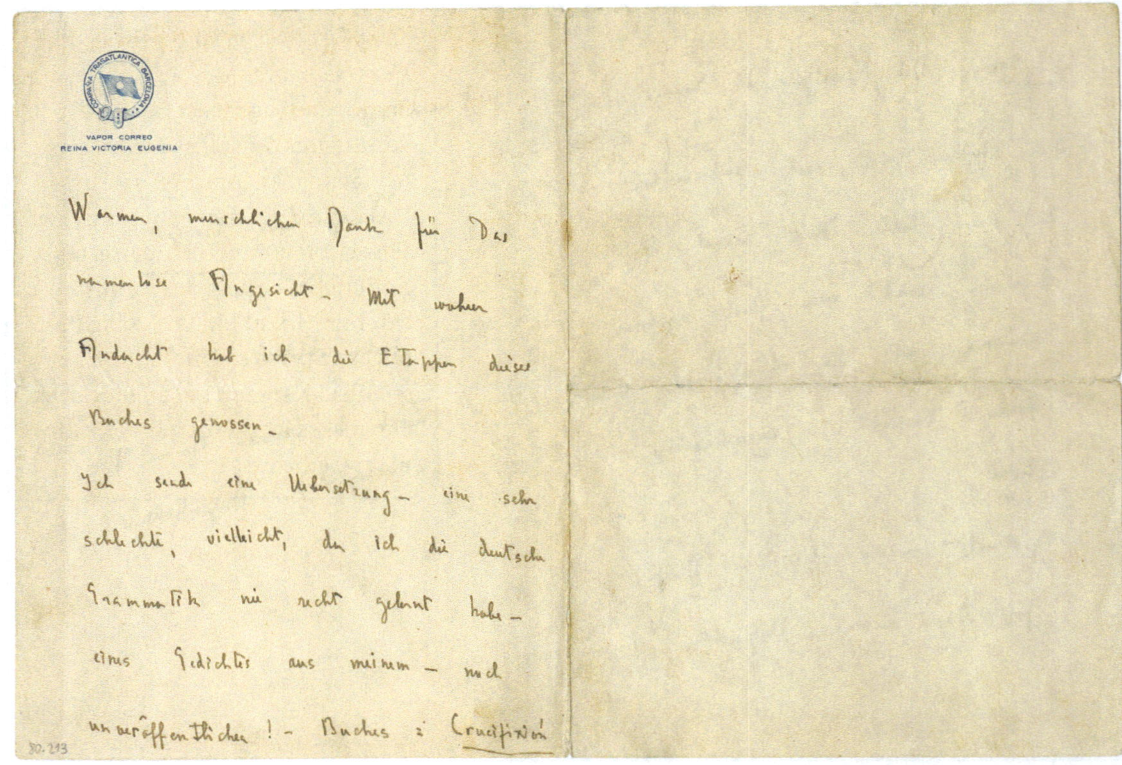

VAPOR CORREO
REINA VICTORIA EUGENIA

Warmen, menschlichen Dank für Das namenlose Angesicht. Mit wahrer Andacht hab ich die Etappen dieses Buches genossen.

Ich sende eine Uebersetzung – eine sehr schlechte, vielleicht, da ich die deutsche Grammatik nie recht gelernt habe – eines Gedichtes aus meinem – noch unveröffentlichen! – Buches: Crucifixión del Sol – "Die Kreuzigung der Sonne."

Ich fahre jetzt nach Südamerika. In einem halben Jahr, zurück in Spanien, wird mein Buch erscheinen, zusammen mit dem Lyrikband meines Freundes Garfias: "Tausendzackige Sterne".

Nochmals meinen begeisterten Dank für Das namenlose Angesicht.

Freundlichst

Jorge Luis Borges

Meine heutige Adresse:

Lista de Correos. Buenos Aires.
(Postlagernd.) Argentinien.

Brief von Jorge Luis Borges (1899–1986) an Kurt Heynicke (1891–1985), März 1921. –
Bild: DLA Marbach

VORLAGE 10c (Teil 2 von 2)

Brief von Jorge Luis Borges an Kurt Heynicke
Gedicht *Südlicher Morgen*

2. Die dem Brief beigefügte eigene deutsche Übersetzung seines Gedichts *Mañana* (›Morgen‹): *Südlicher Morgen*.

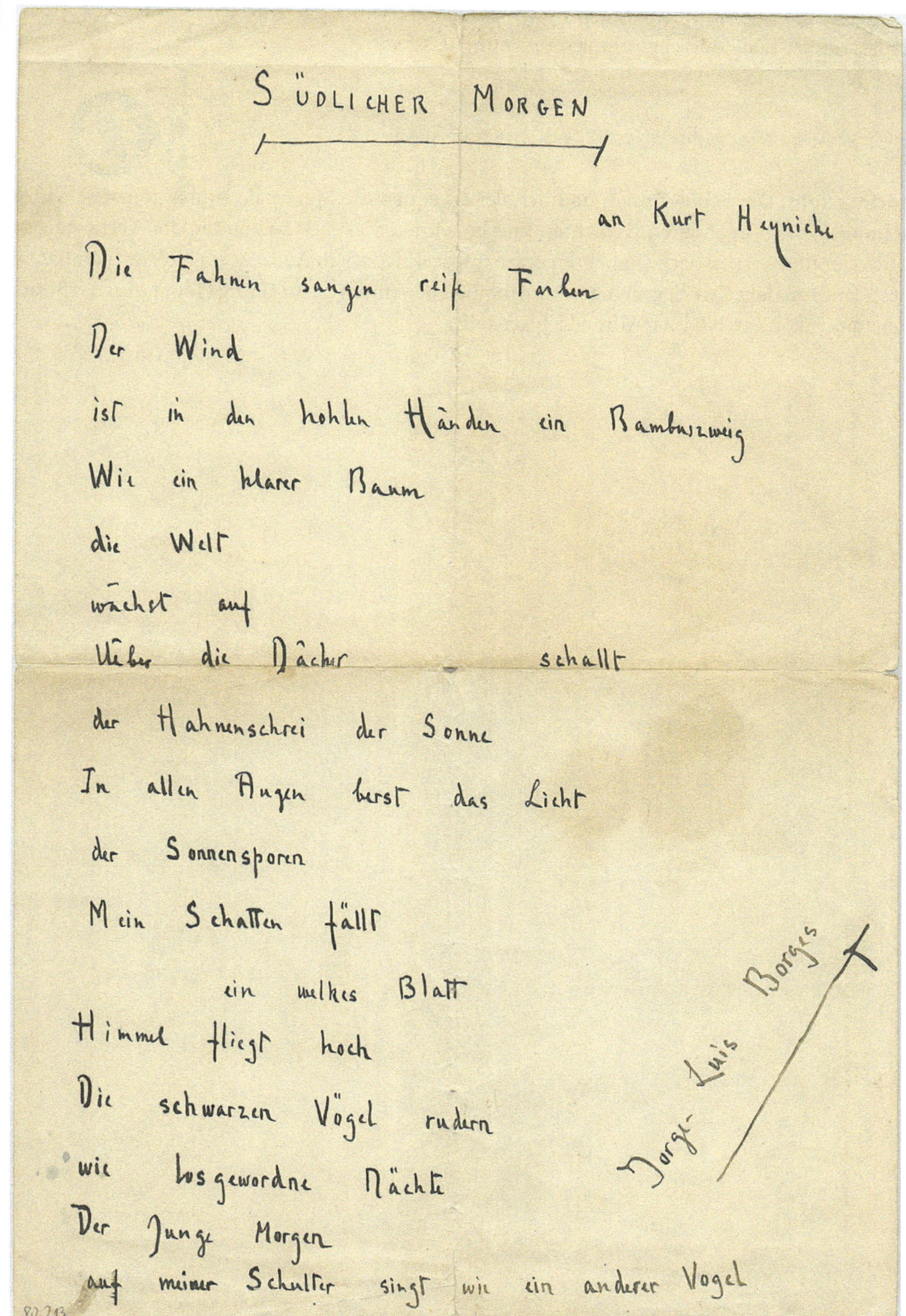

SÜDLICHER MORGEN

an Kurt Heynicke

Die Fahnen sangen reife Farben
Der Wind
ist in den hohlen Händen ein Bambuszweig
Wie ein klarer Baum
die Welt
wächst auf
Ueber die Dächer schallt
der Hahnenschrei der Sonne
In allen Augen berst das Licht
der Sonnensporen
Mein Schatten fällt
ein welkes Blatt
Himmel fliegt hoch
Die schwarzen Vögel rudern
wie losgewordne Nächte
Der junge Morgen
auf meiner Schulter singt wie ein anderer Vogel

Jorge Luis Borges

Jorge Luis Borges, *Südlicher Morgen* (deutsche Übersetzung seines spanischen Gedichts *Mañana*, 1921). – Bild: DLA Marbach

Heynickes, dessen expressionistischen Gedichtband *Das namenlose Angesicht* er soeben »mit wahrer Andacht« (so Borges im Brief an Heynicke) rezipiert hat.

UG

10.5 Sicherung: Vergleich der Ergebnisse

ARBEITSBLATT 10c
➤ S. 85
ARBEITSBLATT 10d
➤ S. 86
Lösungshinweise
➤ S. 121 f.

Unterrichtsschritt. Mehrere Schülertandems präsentieren die Ergebnisse ihres Gedichtvergleichs (ARBEITSBLATT 10c). Die Sicherung kann mithilfe von ARBEITSBLATT 10d erfolgen. In diesem Rahmen können Erweiterungen oder Korrekturen vorgenommen werden. Abschließend wird ein Fazit formuliert, das die Qualität expressionistischer Sprachmerkmale zusammenfasst.

10.6 Transfer: Weitere expressionistische Gedichte erkennen

UG

Internetzugang

Unterrichtsschritt. Die Schülerinnen und Schüler erkennen die Merkmale expressionistischer Sprache und Darstellungsformen in anderen Gedichten und benennen diese. Dazu können die Anthologie *50 Gedichte um 1900* oder Recherchen nach Gedichten von expressionistischen Autoren im Internet genutzt werden. Die Lehrkraft kann zu dem Zweck geeignete Autornamen benennen (z. B.: Georg Heym, August Stramm, Alfred Wolfenstein, Jakob van Hoddis, Alfred Lichtenstein).

ARBEITSBLATT 10a

Gedichtanfänge aus der Anthologie *Menschheitsdämmerung*

Sturz und Schrei

»Dem Bürger fliegt vom spitzen Kopf der Hut«
Jakob van Hoddis: Weltende

»Aufgestanden ist er, welcher lange schlief«
Georg Heym: Der Krieg

»Einmal schon haben Fanfaren mein ungeduldiges Herz blutig gerissen« Ernst Stadler: Der Aufbruch

»Langsam beginnen die Steine sich zu bewegen und zu reden. Wilhelm Klemm: Schlacht an der Marne

Erweckung des Herzens

»Brich, Raubtier, aus des Zweifels Ketten«
Walter Hasenclever: Der Schauspieler

»Entrücke dich dem Stein! Zerbirst«
Gottfried Benn: Karyatide

»Reißt mir die Zunge aus, so habe ich noch Hände« Paul Zech: Der Wald

»O Herr, zerreiße mich«
Franz Werfel: Ich bin ja noch ein Kind

Aufruf und Empörung

»Schlage dein Herz auf, Bruder«
Karl Otten: Die Thronerhebung des Herzens

»Mein Grab ist keine Pyramide, mein Grab ist ein Vulkan« Theodor Däubler: Mein Grab ist keine Pyramide

»Dreitausend Menschen standen dicht gedrängt.«
René Schickele: Der rote Stier träumt

»Halte wach den Hass! Halte wach das Leid«
Walter Hasenclever: 1917

Liebe den Menschen

»Ich habe immer vor dem Rauschen meines Herzens gelegen« Else Lasker-Schüler: Und suche Gott

»Irgendwo zerbrach die Himmelsschale«
Iwan Goll: Schöpfung

»Vermenschter Stern, mit allen deinen Fluten«
Theodor Däubler: Der stumme Freund

»Lass fallen, was fällt«
Wilhelm Klemm: Einheit

(16 Gedichtanfänge mit Kapitelzuordnungen nach der Erstausgabe der Anthologie *Menschheitsdämmerung* von Kurt Pinthus, 1919.)

ARBEITSBLATT 10b

Brief von Jorge Luis Borges an Kurt Heynicke

»Compañía
Trasatlántica Barcelonesa.
Vapor Correo
Reina Victoria Eugenia.

Warmen, menschlichen Dank für Das namenlose Angesicht [Buchtitel Kurt Heynickes] – mit wahrer Andacht hab ich die Etappen dieses Buches genossen.

Ich sende eine Uebersetzung – eine sehr schlechte, vielleicht, da ich die deutsche Grammatik nie recht gelernt habe – eines Gedichtes aus meinem – noch unveröffentlichten! – Buches: *Crucifixión del Sol* – ›Die Kreuzigung der Sonne‹.

Ich fahre jetzt nach Südamerika. In einem halben Jahre, zurück in Spanien, wird mein Buch erscheinen, zusammen mit dem Lyrikbande meines Freundes Garfias: ›Tausendzackige Sterne‹.

Nochmal meinen begeisterten Dank
für Das namenlose Angesicht.
Freundlichst
Jorge-Luis Borges

Meine heutige Adresse:

Lista de correos – Buenos Aires

(Postlagernd.) Argentinien.«

[Brief von Jorge Luis Borges (1899–1986) an Kurt Heynicke (1891–1985) vom März 1921.] Aus: Lila Bujaldón de Esteves: Páginas inéditas de Jorge Luis Borges. Una carta y una poesía dedicada a Kurt Heynicke testimonian el entusiasmo que sintió el joven escritor por el expresionismo aléman. In: Humboldt [Goethe-Institut Inter nationes, Hamburg] 44 (2002) Nr. 136, S. 61–65, hier S. 63.

Worterläuterungen:
3 Vapor Correo: spanisch, ›Postdampfer‹ | **5 Das namenlose Angesicht:** Buchtitel eines Gedichtbandes von Kurt Heynicke (Leipzig: Wolff, 1920) | **10 Buches:** Genitiv so im Original | **14 Garfias:** Pedro Garfias (1901–1967), spanischer Dichter.

ARBEITSBLATT 10c

Übersetzungen im Vergleich

JORGE LUIS BORGES

Morgen

Die Fahnen sangen ihre Farben
und der Wind ist eine Bambusstange in den Händen
Die Welt wächst wie ein heller Baum
Trunken wie ein Propeller
bläst die Sonne den Weckruf über die Zinnen
schlägt die Sonne ihre Sporen in die Spiegel
Wie eine Spielkarte ist mein Schatten
vornüber auf die Strasse geschlagen
Droben fliegt der Himmel
und es pflügen ihn Vögel gleich irrenden Nächten
Frisch lässt der Morgen sich auf meiner Schulter nieder

[Übersetzung von Gustav Siebenmann.] In: Lila Bujaldón de Esteves: Páginas inéditas de Jorge Luis Borges. Una carta y una poesía dedicada a Kurt Heynicke testimonian el entusiasmo que sintió el joven escritor por el expresionismo alemán. In: Humboldt [Goethe-Institut Inter nationes, Hamburg] 44 (2002), Nr. 136, S. 61–65, hier S. 64. [Schweizer Rechtschreibung nach Druckvorlage.]

JORGE LUIS BORGES

Südlicher Morgen

An Kurt Heynicke

Die Fahnen sangen reife Farben
Der Wind
Ist in den hohlen Händen ein Bambuszweig
Wie ein klarer Baum
die Welt
wächst auf
Über die Dächer schallt
Der Hahnenschrei der Sonne
In allen Augen birst das Licht
Der Sonnensporen
Mein Schatten fällt
ein welkes Blatt
Himmel fliegt hoch
Die schwarzen Vögel rudern
wie losgewordne Nächte
Der junge Morgen
Auf meiner Schulter singt wie ein anderer Vogel

[Eigene Übersetzung von Jorge Luis Borges.] In: Ebd.

Arbeitsaufträge:

1. Lesen Sie die deutschen Fassungen des Gedichts. Markieren Sie Unterschiede.
2. Tauschen Sie sich mit Ihrer Lernpartnerin bzw. Ihrem Lernpartner über die Unterschiede aus und systematisieren Sie diese in einer tabellarischen Gegenüberstellung.
3. Formulieren Sie mögliche Gründe für die Wortwahl und Darstellungsweise von Borges' eigener Übersetzung. Wie lässt sich der Unterschied zu Siebenmanns Übersetzung in einem Satz charakterisieren?

ARBEITSBLATT 10d

Vergleichsaspekte

	Morgen (Übers. Siebenmann)	*Südlicher Morgen* (Übers. Borges)
Formale Merkmale		
Titel		
Widmung		
Adjektive/ Adverbien		
Substantive		
Satzbau		
Verben		
Vergleich/ Bildlichkeit		
Schluss: Darstellung des Morgens		

Zusammenfassung der Beobachtungen

Interpretation der Beobachtungen (Bedeutung)

11 Die Sprache weiblichen Begehrens in ihrer Klanglichkeit und Zeichenhaftigkeit entschlüsseln

Zu: Else Lasker-Schüler, *Nervus erotis*, 1901 (➤ *50 Gedichte um 1900*, S. 62, ➤ ARBEITSBLATT 11b, S. 92)

Sachanalyse

Else Lasker-Schüler (1869–1945, aus einer Rabbiner- und Bankiersfamilie aus Wuppertal stammend, führte ein unstetes und unbürgerliches Leben und zählt zu den bedeutendsten expressionistischen Dichterinnen und Dichtern. Sie ist die einzige Frau, deren Gedichte in die berühmt gewordene Anthologie *Menschheitsdämmerung* von Kurt Pinthus (1919) aufgenommen worden sind. Seit 1899 veröffentlichte sie einzelne Gedichte. Ende des Jahres 1901 erschien ihr erster Lyrikband unter dem Titel *Styx* im Berliner Verlag Axel Juncker, in dem auch das Gedicht *Nervus erotis* enthalten ist. Die Gedichte dieser frühen Phase sind noch vom ornamentalen Jugendstil geprägt, weisen aber schon Züge expressionistischer Emphase und Rauschhaftigkeit auf; überwiegend handelt es sich um »eminent sinnliche und latent sexualisierte« Lyrik.[1]

Bereits der Titel des Gedichts *Nervus erotis* legt die Lesart eines erotischen Liebesgedichts nahe, bei dem es in erster Linie um die körperliche Erfahrung geht – das frei erfundene Liebesorgan reiht sich im Gedicht zu weiteren Körperteilen, die mit körperlichen Liebeserfahrungen eng in Verbindung stehen: Blut (V. 3), Seele (V. 5), Herz (V. 10), Auge (V. 11). Ausdrucksstark werden die Zeichen der Erregung in Verbformen gegossen: lodern (V. 4), schreien (V. 5), bluten (V. 9), stöhnen (V. 10), klagen (V. 12). Als »Nerv des bunten Traumes« (V. 14) wird der titelgebende Nervus erotis beschrieben. »Dieser Nerv scheint gewissermaßen Liebe und Sexualität zu verbinden, er ist Empfindungsorgan einer expressiv klagenden und schreienden ›Seele‹, zugleich aber auch Erregungsorgan von Sexualität.«[2] Er wird in dem Gedicht selbst, außer in V. 14, nicht direkt erwähnt, sondern in das Bild der »Tuberosen« gefasst, deren Farbe von weiß nach rot wechselt (V. 3 f.) und die einen »starken Tuberosenduft« (V. 13) aussendet.

Formal wechselt das vierstrophige Gedicht zwischen Quartetten und Terzetten, wobei schon das jeweils gleichförmige Reimschema je ein Quartett und Terzett zusammenschließt (insbesondere durch den strophenübergreifenden Reim von V. 2 »gehört« und V. 6 »auffährt« bzw. V. 9 »blutet« und V. 13 »umflutet«). Die Reimwörter an den Versenden sind in ihrer vokalischen Klanglichkeit überwiegend dunkel (v. a. ›u‹, ›o‹; Assoziation: Nacht) – verschließen den Vokal aber stets mit dem Verschlusslaut ›t‹ (bzw. ›d‹), was zur Unterbindung eines Weiterklingens führt. Man kann das als eine klangliche Entsprechung zum Inhalt verstehen: Das Begehren findet keine Erfüllung und wird (durch die herrschenden gesellschaftlichen Normen?) jäh unterbrochen: »Dass uns […] / Nicht eine Nacht gehört …« (V. 1 f.), so lautet die Klage, die das Verhältnis Liebende/Geliebter gleich zu Anfang bestimmt.

In den beiden Quartetten spricht das lyrische Ich jeweils über sich; in den beiden Terzetten verlangt es nach einer ›Antwort‹ des Du darauf. Auffällig ist die parallele, gleichlautende Einleitung der Terzette mit der Aufforderung: »Sag mir, ob auch in Nächten Deine Seele […]« (V. 5, 12). Im ersten Terzett fragt das Ich, ob das Du »schreit« (V. 5), im zweiten, ob es »klagt« (V. 12). Im ersten Quartett steht das semantische Feld der Glut im Zentrum (»heiße[ ] Tagesglut«, V. 1; »loderts«, »brandrot«, V. 4), das metonymisch mit der Farbe Rot und darüber mit »Blut« (V. 3) verknüpft ist und ein starkes Bild des sinnlichen Begehrens entstehen lässt – das unerfüllt bleibt. Die Strophe formt einen Schrei der Empörung (man beachte das Ausrufezeichen V. 4) – möglicherweise gegen gesellschaftliche Konventionen (vgl. V. 2) –, auf den das lyrische Ich im Terzett mit der Frage nach dem Schrei des Du reagiert. Im zweiten Quartett wird das semantische Feld um die Farbe Rot (Reimwort V. 4 und V. 8) und »Blut«/»blutet« (V. 3 bzw. 9) wiederaufgenommen und entgrenzt: »Die ganze Welt« (V. 8) erscheint nun rot. Das unerfüllte Begehren steigert sich zum »Leid« (V. 10) und in eine Todeserwartung von expressionistischer Bildhaftigkeit: »Aus roten Geisteraugen stiert der Tod« (V. 11). Entsprechend fragt das lyrische Ich im anschließenden Terzett das Du, ob es ebenfalls »klagt«, dass die Situation »an dem Nerv des bunten Traumes nagt« (V. 14).

In der Rezeptionsgeschichte fällt die Sprengkraft des Gedichts ins Auge: die Wahrnehmung des Gedichts als gesellschaftliche und sittliche Provokation findet ihren Ausdruck in der staatlich angeordneten Zensur: Das Gedicht musste aus dem Programm einer Abendlesung am 31. Oktober 1901 gestrichen werden.

1 Andreas Kilcher, »Else Lasker-Schülers *Nervus Erotis* und die Erotisierung der Literatur um 1900«, in: *Interpretationen. Gedichte von Else Lasker-Schüler*, hrsg. von Birgit Lermen und Magda Motté, Stuttgart: 2010, S. 19.

2 Ebd.

Der progressive und sozialrevolutionäre Charakter des Gedichts sowie die Darstellung der erotischen und körperlichen Liebe weisen den Weg zu einem neuen Liebesdiskurs und einer selbstbewussten Darstellung aus weiblicher Sicht. Geprägt von der lebensbejahenden Philosophie Nietzsches, die sich Schopenhauers Pessimismus und Entsagung entgegenstellt, treten in dem vorliegenden Gedicht Urkräfte menschlicher Triebe und Gefühle zutage, die (überschäumenden) Lebenswillen ausstrahlen und in ihrem Ausdruck gleichsam fruchtbar-schöpferisch sowie rauschhaft, grenzenlos und zerstörerisch sind.

Methodisch-didaktische Vorbemerkung: Über das erotische Liebesgedicht zu sprechen, fordert die jugendlichen Schülerinnen und Schüler in besonderem Maße. Daher sind die assoziativen und praktischen Unterrichtsphasen individuell angelegt und sollen alle Schülerinnen und Schüler aktivieren; die analytischen Phasen müssen entsprechend sensibel im Lehrer-Schüler-Gespräch moderiert werden.

Unterrichtsverlauf

Überblick. Die Schülerinnen und Schüler erschließen durch assoziative, analytische und praktische Verfahren ein Gedicht zum Thema weiblichen Begehrens und nutzen ihre gewonnen Erkenntnisse für eine leitfragengesteuerte Interpretation.

Phase	Thema	Sozialform	Kompetenzen/Lernziele	Materialien
11.1	Einstieg: Liebeswörter	UG / EA / PA	• Sinn- und Bedeutungsinhalte aus der eigenen Lebenserfahrung erschließen	ARBEITSBLATT 11a ➤ S. 91
11.2	Erarbeitung 1: Über das Gedicht *Nervus erotis*	EA / PA	• Inhaltlich-thematische Vorentlastung • Erwartungshaltung formulieren	ARBEITSBLATT 11b ➤ S. 92
11.3	Erarbeitung 2: Entschlüsselung der kulturellen Zeichensprache des Gedichts	EA	• Sinn- und bedeutungstragende Wörter identifizieren • Eine semantische Landkarte anlegen	ARBEITSBLATT 11c ➤ S. 93
11.4	Sicherung 1: Analytische Reorganisation	UG / LSG	• Analytische Reorganisation und Visualisierung der Ergebnisse	ARBEITSBLATT 11c ➤ S. 93
11.5	Erarbeitung 3: Klanglichkeit erfahren	EA / GA	• Erprobung von Vortragsvarianten in einer individuellen Murmelphase • Feststellung besonderer klanglicher Merkmale	ARBEITSBLATT 11c ➤ S. 93
11.6	Sicherung 2: Erfahrungsaustausch und Resümee	UG / LSG	• Klangliche Beobachtungen und deren Wirkungen formulieren und schriftlich festhalten	ARBEITSBLATT 11c ➤ S. 93
11.7	Transfer: Eine Gedichtinterpretation verfassen	EA	• Leitfragenorientiert eine Gedichtinterpretation verfassen	ARBEITSBLATT 11c ➤ S. 93

11.1 Einstieg: Liebeswörter

UG / EA / PA

ARBEITSBLATT 11a
➤ S. 91

Unterrichtsschritt. Die Schülerinnen und Schüler ziehen eines der von der Lehrkraft mittels ARBEITSBLATT 11a ***Liebeswörter*** vorbereiteten Zettel mit »Liebeswörtern«: Glut – Nacht – Blut – rot – Not – Herz – Nerv – Traum (Mehrfachausgaben sind notwendig, um anschließend Zufallspaare zu bilden). Die Schülerinnen und Schüler werden aufgefordert, mit »ihrem« Wort einen Satz nach dem Modell »… bedeutet für mich …« oder »in … sehe ich …« zu bilden. Anschließend tauschen sich je zwei Schülerinnen und Schüler, die das gleiche Wort gezogen haben, dazu kurz aus.

Erläuterungen. Freie Assoziationen zum Thema Liebe anhand zentraler Begriffe aus dem im Folgenden behandelten Gedicht *Nervus erotis* von Else Lasker-Schüler aktivieren eigene Erfahrungen der Schülerinnen und Schüler und schaffen so einen individuellen Zugang zum Thema sowie später zum Gedicht.

11.2 Erarbeitung 1: Über das Gedicht *Nervus erotis*

Unterrichtsschritt. Die Schülerinnen und Schüler erhalten drei Zitate der Gedichtinterpretation von Andreas Kilcher (ARBEITSBLATT 11b ***Über Else Lasker-Schülers »Nervus Erotis«***). Diese vermitteln Hintergrundwissen, sollen behutsam auf den Inhalt des Gedichts vorbereiten und Neugierde wecken. Da es Schülerinnen und Schülern oftmals schwerfällt, über das Thema Liebe zu sprechen, werden über diese Zitate Gesprächsanlässe für den weiteren Unterrichtsgang geschaffen. Nach dem Lesen der Zitate formulieren die Schülerinnen und Schüler (schriftlich) Assoziationen und ihre Erwartungen an das Gedicht (z. B. Sprache/Wortwahl, Lesart/Entschlüsselungstechnik, Formgebung etc.), bevor sie sich über diese mit einem Lernpartner austauschen.

EA / PA

ARBEITSBLATT 11b
➤ S. 92

11.3 Erarbeitung 2: Entschlüsselung der kulturellen Zeichensprache des Gedichts

Unterrichtsschritt. Die Schülerinnen und Schüler erhalten das ARBEITSBLATT 11c ***Else Lasker-Schüler: »Nervus erotis« (1901)*** und lesen das Gedicht zunächst still. Mit dem Markieren der sinn- und bedeutungstragenden Wörter wird der Interpretationsprozess initiiert (Arbeitsauftrag 1). Das Anlegen einer semantischen Landkarte ist als Erweiterung für leistungsstärkere Schülerinnen und Schüler möglich (Arbeitsauftrag 2).

EA

ARBEITSBLATT 11c
➤ S. 93
Lösungshinweise
➤ S. 123

11.4 Sicherung 1: Analytische Reorganisation

Unterrichtsschritt. Die Ergebnisse der Arbeitsaufträge 1 und 2 werden zusammengetragen und mittels Dokumentenkamera oder Whiteboard auf ARBEITSBLATT 11c reorganisiert. Ein Beispiel zur Orientierung bieten die Lösungshinweise.

UG / LSG

ARBEITSBLATT 11c
➤ S. 93

11.5 Erarbeitung 3: Klanglichkeit erfahren

Unterrichtsschritt. In einer individuellen Murmelphase werden die Schülerinnen und Schüler aufgefordert, das Gedicht auf ARBEITSBLATT 11c (zunächst) sich selbst vorzutragen. Dazu sollen sie Zeit und Raum bekommen, verschiedene Formen des sprachlichen Ausdrucks zu erproben – sitzend, gehend, stehend. Die Murmelphase dient dazu, alle Schülerinnen und Schüler zu aktivieren und das Gedicht klanglich zu erfahren. Im Gedichttext werden klangliche Auffälligkeiten und Charakteristika markiert, so dass im Anschluss in einer Kleingruppe über die klangliche Ausgestaltung insbesondere der Reimwörter (z. B. mit Blick auf die Reimgestaltungen, die Nuancen der klingenden Vokale, die Verschlusslaute an jedem Versende) diskutiert werden kann.

Leitfragen:
- Tragen Sie jede/jeder für sich das Gedicht mehrfach laut vor.
- Markieren Sie anschließend klangliche Besonderheiten. Achten Sie dabei auch auf das Reimschema und die Reimklänge.

EA / GA

ARBEITSBLATT 11c
➤ S. 93

11.6 Sicherung 2: Erfahrungsaustausch und Resümee

Unterrichtsschritt. In einer Abschlussdiskussion zu ARBEITSBLATT 11c werden die Erfahrungen der Gruppen ausgetauscht und die folgende Leitfrage diskutiert:
- Welcher Deutungsraum wird durch die klangliche Gestaltung eröffnet?

UG / LSG

ARBEITSBLATT 11c
➤ S. 93

Erläuterungen. Die Aufmerksamkeit soll auf das Reimschema gelenkt werden, das formal sowohl auf die Zweiteiligkeit des Gedichts als auch auf die jeweilige Verbindung zwischen Quartett und Terzett verweist. Außerdem sollten die dunklen Vokalklänge und die durchgängigen Verschlusslaute am Versende wahrgenommen und gedeutet werden (Nacht, Geheimnis, Unerfülltheit usw.). Generell sind dunkle Vokale im Gedicht bestimmend. Ins Auge fallen könnte auch der unbekannte Begriff »Tuberosen« (V. 3, 13), das konkreteste Bild im Gedicht, Symbol für das weibliche Geschlechtsorgan, in dem aufmerksame Leser die Wörter »Eros« (›Tub-eros-en‹) und »Rose« (›Tube-rose-n) entdecken und auf körperliche und seelische Liebe beziehen können (Rose als Symbol der Liebe).

11.7 Transfer: Eine Gedichtinterpretation verfassen

EA

ARBEITSBLATT 11c
➤ S. 93

Unterrichtsschritt. Nach der Rekapitulation der assoziativen, analytischen und praktischen Unterrichtsschritte sollen die Schülerinnen und Schüler eine Gedichtinterpretation verfassen. Sie können zwischen zwei Aufgaben wählen (ARBEITSBLATT 11c, Arbeitsauftrag 3).

Alternative. Dieser Unterrichtsschritt kann auch als Hausaufgabe bearbeitet werden.

ARBEITSBLATT 11a

Liebeswörter

Glut

Glut bedeutet für mich … *oder* In Glut sehe ich …

Nacht

Nacht bedeutet für mich … *oder* In Nacht sehe ich …

Blut

Blut bedeutet für mich … *oder* In Blut sehe ich …

rot

rot bedeutet für mich … *oder* In rot sehe ich …

Not

Not bedeutet für mich … *oder* In Not sehe ich …

Herz

Herz bedeutet für mich … *oder* In Herz sehe ich …

Nerv

Nerv bedeutet für mich … *oder* In Nerv sehe ich …

Traum

Traum bedeutet für mich … *oder* In Traum sehe ich …

Über Else Lasker-Schülers *Nervus Erotis*

1. Am 31. Oktober 1901 sollten im Rahmen einer Abendveranstaltung über »Erotische Kunst« Gedichte von Else Lasker-Schüler vorgetragen werden, darunter auch das Gedicht *Nervus Erotis*:

»[A]us ›sittenpolizeilichen Gründen‹ [konnte der Abend] nicht in der geplanten Form durchgeführt werden […], und zwar ausgerechnet wegen Else Lasker-Schülers lyrischem Beitrag: Geplant war die Rezitation der Gedichte *Nervus Erotis*, *Orgie* und *Elegie*. Nach polizeilichem Einspruch mussten die beiden ausdrücklich erotischen Gedichte jedoch gestrichen werden.«

Andreas Kilcher: Else Lasker-Schülers *Nervus Erotis* und die Erotisierung der Literatur um 1900. In: Interpretationen. Gedichte von Else Lasker-Schüler. Hrsg. von Birgit Lermen und Magda Motté. Stuttgart: Reclam, 2010. S. 29.

2. »Der Eros, der hier zur Sprache gelangt, hat zum einen eine lebensreformerische, sogar sozialrevolutionäre Komponente, wenn er die Institutionen von Ehe und Familie aufsprengt und Gemeinschaft überhaupt neu definiert. Zum anderen spricht er unumwunden das Diesseits des Sexus, des Körpers und des Lebens an. Es ist mithin ein entspiritualisierter, ein politisierter und förmlich sexualisierter Eros.«

Ebd. S. 17.

3. »Der *Nervus Erotis* erweist sich förmlich als untergründiger Strom (*Styx*), als die verschiebende und verrätselnde Dynamik einer Sprache des Begehrens, das nicht offen (denotativ) ausgesprochen werden kann, sondern in einer esoterischen Technik der Anspielung (konnotativ) – förmlich *sub rosa* – angesprochen wird.«

Ebd. S. 19 f.

Worterläuterungen:
4 f. Nervus erotis: (lat.) ›erotischer Nerv‹, erotisches Liebesorgan (frei erfundene Bezeichnung von Else Lasker-Schüler) | **16 Styx:** in der griech. Mythologie der Fluss der Unterwelt, über den die Toten in den Hades gelangen; zugleich der Titel der Gedichtsammlung Lasker-Schülers, in der *Nervus erotis* erschienen ist | **17 f. denotativ:** die wörtliche Bedeutung betreffend | **19 konnotativ:** die mitgemeinte Bedeutung betreffend (damit verbundene Assoziationen, Emotionen, Werturteile usw.) | **20 sub rosa:** (lat.) wörtl. ›unter der Rose‹, gemeint: unter dem Siegel der Verschwiegenheit.

Arbeitsauftrag:
Welche Erwartungen haben Sie an das Gedicht mit dem Titel *Nervus Erotis*? Lesen Sie zusätzlich die drei Zitate aus der Interpretation des Gedichts von Andreas Kilcher. Tauschen Sie sich anschließend darüber aus.

ARBEITSBLATT 11c

Else Lasker-Schüler: *Nervus erotis* (1901)

Dass uns nach all der heißen Tagesglut
Nicht eine Nacht gehört …
Die Tuberosen färben sich mit meinem Blut,
Aus ihren Kelchen loderts brandrot!

Sag mir, ob auch in Nächten Deine Seele schreit,
Wenn sie aus bangem Schlummer auffährt,
Wie wilde Vögel schreien durch die Nachtzeit.

Die ganze Welt scheint rot,
Als ob des Lebens weite Seele blutet.
Mein Herz stöhnt wie das Leid der Hungersnot,
Aus roten Geisteraugen stiert der Tod.

Sag mir, ob auch in Nächten Deine Seele klagt,
Vom starken Tuberosenduft umflutet,
Und an dem Nerv des bunten Traumes nagt.

Else Lasker-Schüler: Die Gedichte. Auswahl. Hrsg. und komm. von Gabriele Sander. Stuttgart: Reclam, 2020. S. 10 f.

Worterläuterung:

3 **Tuberosen:** Blumen mit weißen Blüten, die einen angenehmen und in den Abendstunden intensiven Duft verbreiten.

Arbeitsaufträge:

1. Lesen Sie das Gedicht. Markieren Sie bedeutungstragende und sinnstiftende Wörter.

*2. Legen Sie eine semantische Landkarte an, indem sie bedeutungstragende und sinnstiftende Zusammenhänge sichtbar machen.

3. Interpretieren Sie das vorliegende Gedicht
   a) unter besonderer Berücksichtigung der Darstellung zum Leben und zur Liebe.
   oder
   b) mit Blick auf die sprachliche Darstellung der erotischen Liebe.
   Gehen Sie besonders auf die expressionistische Ausdruckskraft der Wort- und Zeichenebene ein.

12 Auftakt zum Weltende: Die Gestaltung eines expressionistischen Gedichts nachvollziehen

Zu: Jakob van Hoddis, *Weltende*, 1910 (➤ ARBEITSBLATT 12a, S. 99)

Sachanalyse

Als eine »Generation im Aufbruch« verstanden sich die expressionistischen Künstler und Schriftsteller: Sie lehnten sich aktiv gegen das erstickende geistige Klima des wilhelminischen Untertanenstaates auf. Ihrem angestauten Zorn zeigten sie in Karikaturen, Parodien und ausdrucksstarken Kunstwerken und brachten ihn zur Geltung in neugegründeten Cabarets, Clubs, Varietés, Debattierzirkeln. Zeitschriften wie *Der Sturm* (gegründet 1910) oder *Die Aktion* (1911) waren ihre Diskussionsplattformen. Es entstehen grässliche Visionen: Schon vor dem Ersten Weltkrieg werden Schrecken des Krieges beschworen: »Aufgestanden ist er, welcher lange schlief« (Georg Heym, *Der Krieg*, 1911). Erst recht die Geschehnisse des Ersten Weltkriegs graben sich tief in die Seelen ein: Unerträgliches, Schmerzensschreie werden laut, die Degradierung des Menschen in der Materialschlacht zum Vernichtungsobjekt wird immer wieder aufgegriffen (August Stramm, *Patrouille*, 1915; Georg Trakl, *Grodek*, 1914). Die Schranken der Konventionen sprengt auch Gottfried Benn, indem er Tabus anrührt und den Kitsch in der Gefühlswelt der Bourgeoisie aufdeckt (*Morgue*, 1912).

Das Gedicht *Weltende* von Jakob van Hoddis (eigentlich Hans Davidsohn, 1887–1942) zählt zu den bekanntesten Gedichten des Expressionismus. Am 11. Januar 1911 erscheint es erstmals in der Zeitschrift *Der Demokrat*. Kurt Pinthus eröffnet nach dem Krieg 1919 mit diesem Gedicht seine (bereits die Epoche resümierende) Anthologie expressionistischer Gedichte *Menschheitsdämmerung*. Gottfried Benn datierte mit diesem Gedicht sogar den Beginn des Expressionismus. Der programmatische Titel, der auf die Zerstörung der bisherigen bürgerlichen Welt hinweist, ließ das Gedicht rückblickend nach dem Krieg geradezu visionär erscheinen. Im Kontrast zu dieser Rezeptionsgeschichte steht der entstehungsgeschichtliche Kontext: Entstanden ist das Gedicht wahrscheinlich im Mai 1910, erstmals vorgetragen hat es van Hoddis im Berliner »Neopathetischen Cabaret« (Berlin) am 1. Juni 1910. Kurz zuvor, am 19. Mai 1910 war der Halleysche Komet erschienen, der in einer heute kaum vorstellbaren Weise für Unruhe, ja Panik sorgte und tatsächlich Weltuntergangsängste im Bürgertum stimulierte. In diesem Kontext darf man das Gedicht nicht als ernsthafte Vision, sondern muss es als parodistische Antwort auf diese (kurze) hysterische Welle betrachten.[1]

Formal ist die Gedichtgestaltung konventionell: Ein regelmäßiger jambischer Fünfheber (mit einer Inversion V. 3: »Dachdecker«), klares Reimschema (einmal umarmender, einmal Kreuzreim) sowie die Strophengliederung in zwei Vierzeiler machen das Gedicht im Vortrag flüssig und leicht einprägsam. Prägend für das Gedicht ist der Zeilenstil: ein Vers entspricht einem Satz bzw. einer Aussageeinheit. Einzige Ausnahme ist das Enjambement »hupfen / An Land« (V. 5 f.), mit dem die Überflutung durch das Meer eine sprachlich-formale Entsprechung erhält.

Beziehungslos und unvermittelt werden harmlose Unglücke (Wegfliegen des Huts, V. 1; Schnupfen, V. 7) neben individuelle (abstürzende Dachdecker, V. 3), kollektive (von Brücken stürzende Eisenbahnen, V. 8) und Naturkatastrophen (Überflutung, V. 4–6) gesetzt. Die Parenthese »liest man« (V. 4) weckt den Eindruck einer quergelesenen Zeitungslektüre, in der scheinbar zusammenhanglose Nachrichten neu montiert werden. Das im Gedicht gezeigte Chaos ruft Vorstellungen von endzeitlichem Geschehen auf, wirkt allerdings durch die Gleichwertigkeit von Katastrophen und Nichtigkeiten grotesk. Auch innerhalb der Verse gibt es irritierende und verharmlosende Disparatheit: Das Prädikat »gehn entzwei« (V. 3) ist in Bezug auf Menschen (hier Dachdecker) unpassend und macht Menschen zu Objekten. Unbelebte Dinge hingegen werden personifiziert: »die wilden Meere hupfen« (V. 5), wobei ›hupfen‹ und ›zerdrücken‹ die Flutkatastrophe zugleich verharmlosen. Die Wertmaßstäbe sind verrutscht. Das lyrische Ich tritt ganz in den Hintergrund. Durch die neutrale Perspektive des Gedichts wird die Ich-Dissoziation verdeutlicht: Die Degradierung des menschlichen Subjekts zum Objekt zeigt sich im Verlust des bürgerlichen Symbols, des Huts, oder dem Abstürzen der Dachdecker. Der unaufhaltsame Verfall der bürgerlichen Ordnung wird durch das grotesk dargestellte Chaos dem Rezipienten vor Augen geführt.

Dabei bleibt offen, wie ernst van Hoddis es damit

1 Vgl. Wolfgang Paulsen, *Deutsche Literatur des Expressionismus*, Bern [u. a.] 1983, S. 77 ff.

ist. Schon V. 1 hat ein komisches Element: Das Adjektiv ›spitz‹, das grammatikalisch ein Attribut zu »Kopf« ist, gehört inhaltlich eigentlich zu »Hut« (rhetorisches Mittel der Hypallage).[2] Auch das ›Entzweigehen‹ der Dachdecker, das ›Hupfen‹ der Meere und der Kontrast zwischen der Flutkatastrophe und dem unmittelbar darauf folgenden banalen »Schnupfen« (V. 7) wirken grotesk-komisch. Es bleibt unentscheidbar, ob van Hoddis die bürgerliche Ordnung kritisieren oder verlachen will, in Frage stellt er sie aber so oder so.

Ein Manuskript des Gedichts befindet sich im Deutschen Literaturarchiv Marbach. Es wurde auf dem schmalen Blatt mit Korrekturrand, auf Notizbuchpapier, notiert. Die Strophengliederung ist nicht erkennbar, die bleistiftgeschriebenen Verse werden jeweils mit Zeilenumbruch verfasst, da sie länger als der Raum sind, der ihnen zur Verfügung steht. Lediglich der letzte Vers ist in deutlich kleinerer Schrift über den Korrekturrand hinaus an der unteren Papierkante angefügt. Die Wahrnehmbarkeit des Gedichts als Ganzem, gewissermaßen als synoptische Katastrophe, schien van Hoddis wichtig. Im Vergleich zur Druckfassung weist das Gedicht noch weitere nennenswerte Unterschiede auf: in V. 4 wurde aus »sagt man« »liest man«. Zusätzlich wird die Parenthese in Gedankenstriche gefasst; dadurch entsteht eine Schärfung der Wahrnehmung der Kommunikationssituation. Die Veränderung des Kommunikationsmediums trägt zur Distanzierung bei: Jeder liest für sich; ein gegenseitiges Zuhören, wie es das ursprüngliche Verb ›sagen‹ impliziert, gibt es nicht. V. 5 wurde im Manuskript in zwei Sätzen formuliert. Mit der Verwendung des Kommas wird statt eines schlichten Nebeneinanders die Gleichzeitigkeit der Ereignisse betont. Ebenso werden am Schluss von V. 1, 2, 4, 6 und 7 Satzzeichen gesetzt. Dies trägt zu einer veränderten Lesart bei: Punkte schließen den Satz und somit Gedanken sichtbar ab und verleiten zu einer Pause, während die fehlenden Satzzeichen im Manuskript ein Ineinander-Übergehen zulassen.

2 Vgl. Michael Hanke, *Lektüreschlüssel. Lyrik des Expressionismus*, Stuttgart 2013, S. 23.

Unterrichtsverlauf

Überblick. Die Schülerinnen und Schüler befassen sich mit der Wirkung des Zeilenstils, reflektieren die Darstellung des Gedichts im Manuskript und setzen sich mit der Rolle des menschlichen Subjekts in einem expressionistischen Gedicht auseinander. ! **Verkürzter Verlauf: 12.1 – 12.2 – 12.3 – 12.4 – 12.5 – 12.7**

Phase	Thema	Sozialform	Kompetenzen/Lernziele	Materialien
12.1	Einstieg: Erstbegegnung mit dem Gedicht durch Hören	LV / EA	• Beim Zuhören erste Eindrücke festhalten	ARBEITSBLATT 12a ➤ S. 99
12.2	Erarbeitung 1: Systematische Darstellung der Ergebnisse erstellen	EA / PA / GA	• Eindrücke benennen und systematisch in Form einer Mindmap darstellen	ARBEITSBLATT 12a ➤ S. 99
12.3	Sicherung 1: Visualisierung und Präsentation der Ergebnisse	UG	• Präsentation der Ergebnisse	ARBEITSBLATT 12a ➤ S. 99 TAFELBILD 12 ➤ S. 97
12.4	Erarbeitung 2: Inhaltliche und formale Analyse des Gedichts und Entwurf eines Deutungsansatzes	GA (LSG)	• Präzise Textarbeit: Befunde der Erarbeitungsphase am Text belegen • Deutungshypothese formulieren	ARBEITSBLATT 12a ➤ S. 99
12.5	Sicherung 2: Präsentation und Diskussion der Ergebnisse	UG	• Vorstellung der Ergebnisse • Ggf. Diskussion offener Fragen	ARBEITSBLATT 12a ➤ S. 99
12.6 fakultativ	Transfer: Binnendifferenzierende Auseinandersetzung	EA / PA / UG	• Je nach Lernstand kann aus drei Aufgaben gewählt werden	ARBEITSBLATT 12a ➤ S. 99

12.7	Vertiefung: Das Manuskript – Beschreibung formaler und inhaltlicher Aspekte sowie deren Bedeutung mit Blick auf die Druckfassung	UG / LSG	• Beschreibung des Manuskripts mit anschließendem Vergleich der vorliegenden Druckfassung • Hypothese für Erklärung der Änderungen entwickeln	ARBEITSBLATT 12a ➤ S. 99 ARBEITSBLATT 12b ➤ S. 100
HA	Hausaufgabe: Einen Kommentar zum Manuskript verfassen	EA	• Kommentierende Auseinandersetzung mit dem Gedicht	ARBEITSBLATT 12a ➤ S. 99 ARBEITSBLATT 12b ➤ S. 100

12.1 Einstieg: Erstbegegnung mit dem Gedicht durch Hören

LV / EA

ARBEITSBLATT 12a ➤ S. 99

Unterrichtsschritt. Die Schülerinnen und Schüler werden aufgefordert, dem Gedichtvortrag der Lehrkraft oder einer/eines Lernenden von ARBEITSBLATT 12a ***Jakob van Hoddis: Weltende (1911)*** gut zuzuhören und anschließend ihre ersten Eindrücke spontan schriftlich festzuhalten. Ein zweites Hören nach kurzer Zeit ist sinnvoll.

12.2 Erarbeitung 1: Systematische Darstellung der Ergebnisse erstellen

EA / PA / GA

ARBEITSBLATT 12a ➤ S. 99

Unterrichtsschritt. Die Schülerinnen und Schüler erhalten nun das ARBEITSBLATT 12a und verschaffen sich einen Leseeindruck. Nach dem Prinzip der wachsenden Gruppengröße vergleichen die Schülerinnen und Schüler zunächst in Partnerarbeit die notierten Eindrücke und erarbeiten dann in Gruppen eine systematische Darstellung in Form einer Mindmap (Arbeitsauftrag 1).

12.3 Sicherung 1: Visualisierung und Präsentation der Ergebnisse

UG

ARBEITSBLATT 12a ➤ S. 99

TAFELBILD 12 ➤ S. 97

Unterrichtsschritt. Die Schülerinnen und Schüler stellen im Plenum ihre Ergebnisse vor; Diskussionen dienen der Erweiterung und Ergänzung. Begleitend kann die Lehrkraft zur Ergebnissicherung zentrale Beobachtungen im TAFELBILD 12 festhalten (wobei die Kategorien und Begriffe hier nur exemplarisch sind).

12.4 Erarbeitung 2: Inhaltliche und formale Analyse des Gedichts und Entwurf eines Deutungsansatzes

GA (LSG)

ARBEITSBLATT 12a ➤ S. 99

Unterrichtsschritt. In Kleingruppen analysieren die Schülerinnen und Schüler das Gedicht unter formalen sowie inhaltlichen Aspekten (ARBEITSBLATT 12a, Arbeitsauftrag 2). Dabei geht es auch darum, die Ergebnisse der ersten Erarbeitungsphase einzubeziehen, belegbar darzustellen und zu einer tragfähigen Deutungshypothese zu entwickeln. Bei leistungsschwächeren Klassen kann diese Phase auch im Lehrer-Schüler-Gespräch durchgeführt werden.

Erläuterungen. Die formale Analyse umfasst Metrum, Reimschema, Strophenform (konventionell) sowie rhetorische Figuren wie Alliteration (V. 6) und Enjambement (V. 5 f.). Beobachtet werden kann auch bereits, dass bis auf den Enjambement-Vers Aussageeinheit (Satz) und Vers stets übereinstimmen: pro Vers ein Satz bzw. eine Aussage. Die Hypallage V. 1 (›spitz‹ grammatikalisch statt auf »Hut« hier auf »Kopf« bezogen) wird wohl nicht erkannt werden. Inhaltlich sollte festgestellt werden können, dass das Thema die Apokalypse, der Weltuntergang (Titel), ist, was an verschiedenen Beispielen durchgespielt wird. Auch die Diskrepanz zwischen dramatischen Ereignissen wie Sturz vom Dach, Flutkatastrophe und abstürzenden Zügen und Harmlosigkeiten wie Hutverlust (V. 1) oder Schnupfen (V. 7) sollen erkannt werden, ebenso dass die unspektakulären Ereignisse sich auf den gleich zu Beginn genannten »Bürger« beziehen. Deutungshypothesen können sich darauf beziehen, dass sich van Hoddis über das Bürgertum lustig macht, aber auch darauf, dass hier eine Endzeitstimmung zum Ausdruck gebracht wird, die kurz vor Ausbruch des Ersten Weltkriegs fast prophetischen Charakter hat. Auch eine Aktualisierung – Parallelen zur Gegenwart – ist möglich.

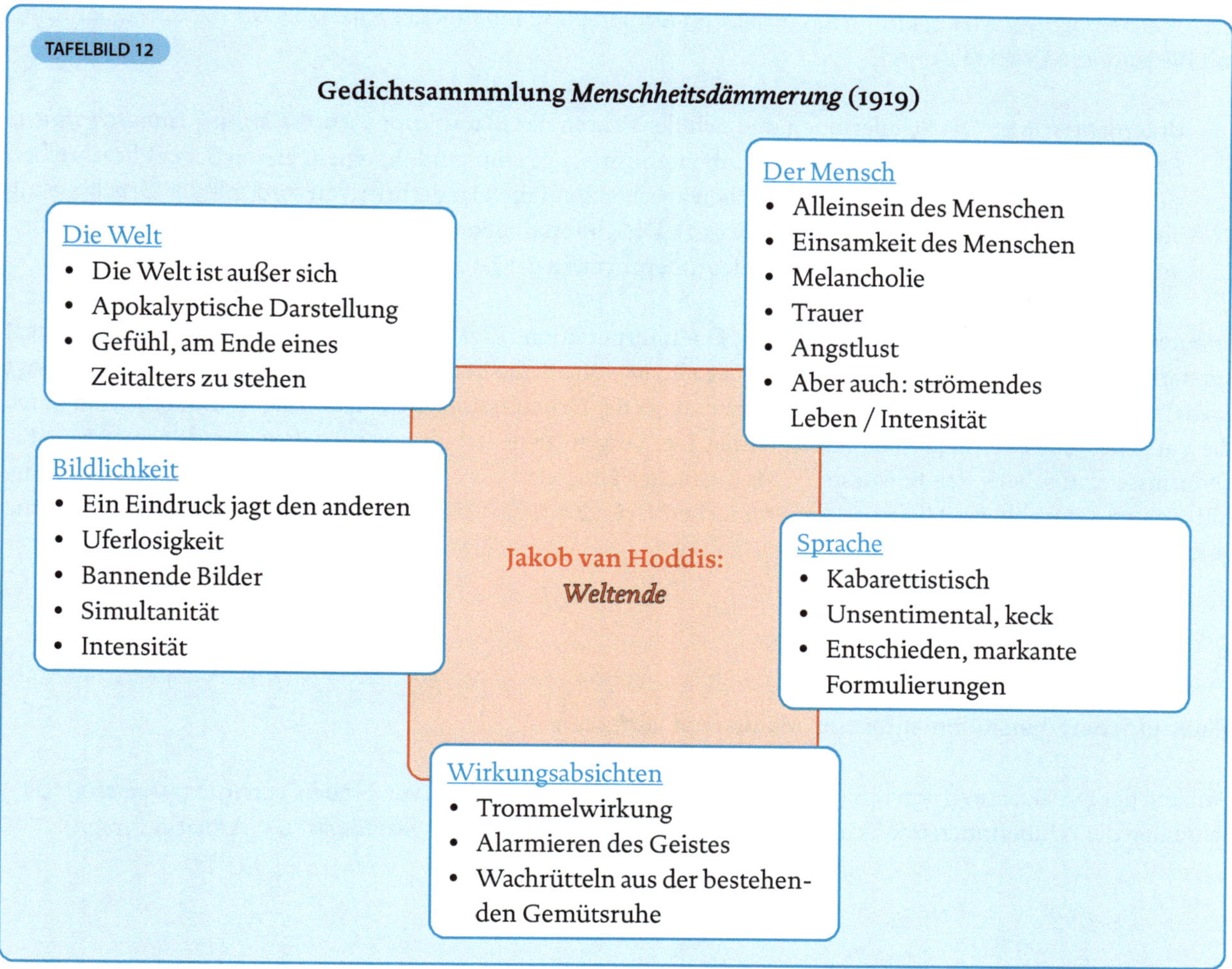

12.5 Sicherung 2: Präsentation und Diskussion der Ergebnisse

Unterrichtsschritt. Die Schüler stellen ihre Deutungshypothese vor und begründen diese am Gedicht. Auf das Merkmal des Zeilenstils sollte als Ergebnis der Analyse ebenso eingegangen werden wie auf die Ich-Dissoziation – zwei typische Gestaltungselemente expressionistischer Lyrik, die die Lerngruppe als Fachbegriffe verwenden können soll.

UG

ARBEITSBLATT 12a
➤ S. 99

12.6 Transfer: Binnendifferenzierende Auseinandersetzung (fakultativ)

Unterrichtsschritt mit Erläuterungen. Die Lerngruppe bearbeitet arbeitsteilig ARBEITSBLATT 12a, Arbeitsauftrag 3. Die drei Aufgabenangebote richten sich an Schülerinnen und Schüler unterschiedlichen Lernstands. Während die erste Aufgabe formale Kriterien (jambischer Fünfheber, klares Reimschema, Strophengliederung sowie eingängige kontrastierende Bilder) berücksichtigt, verlangt die zweite Aufgabe eine vertiefte inhaltliche Auseinandersetzung. In der dritten Aufgabe müssen zunächst die beiden vorgegebenen Positionen bewertet werden, bevor eine eigene begründete Positionierung erfolgen kann. In diesem Unterrichtsschritt wird deutlich, dass das Gedicht in seinem ursprünglichen Entstehungskontext eine momentane Situation (Erscheinen des Halley'schen Kometen) aufgreift und ein epochaler Wandel (»Verwandlung«, so Johannes R. Becher) wohl kaum intendiert war. Dabei handelt es sich um spätere Zuschreibungen, die nicht zuletzt durch den Ersten Weltkrieg und die Positionierung als erstes Gedicht in der wirkmächtigen Anthologie *Menschheitsdämmerung* (1919) beflügelt wurden.

EA / PA / UG

ARBEITSBLATT 12a
➤ S. 99

12.7 Vertiefung: Das Manuskript – Beschreibung formaler und inhaltlicher Aspekte sowie deren Bedeutung mit Blick auf die Druckfassung

UG / LSG

ARBEITSBLATT 12a
➤ S. 99
Lösungshinweise
➤ S. 124
ARBEITSBLATT 12b
➤ S. 100

Unterrichtsschritt. Die Schülerinnen und Schüler sichten das Manuskript (ARBEITSBLATT 12b ***Handschriftliche Fassung des Gedichts***), das auch per Dokumentenkamera gezeigt wird. In einem ersten Schritt beschreiben sie dieses (Arbeitsauftrag 1) und vergleichen anschließend die Handschrift von 1910 mit der Druckfassung von 1911 auf ARBEITSBLATT 12a (Arbeitsauftrag 2). Die Unterschiede werden leicht festgestellt (s. Lösungshinweise). Erste mögliche Erklärungen für die Änderungen in der Druckfassung werden formuliert.

Erläuterungen. Zwei Aspekte sind erkennbar: Die Interpunktion (Ergänzung von Punkten am Ende des Verses) verstärkt die Wahrnehmung des Zeilenstils. Die einzige inhaltliche Veränderung (V. 4 »– liest man –« statt »sagt man«) verstärkt die Vereinzelung der Individuen, da in der Druckfassung die persönliche Kommunikation durch die Vorstellung des Zeitunglesens ersetzt wurde. Der Vergleich wiederholt und vertieft so gerade gewonnene Erkenntnisse und schärft das Bewusstsein, dass genaues Hinsehen für eine angemessene Analyse und Deutung hilfreich und ergiebig ist. Hinweis: Aus rechtlichen Gründen kann ARBEITSBLATT 12b nicht digital zur Verfügung gestellt werden.

ARBEITSBLATT 12a
➤ S. 99
ARBEITSBLATT 12b
➤ S. 100

Hausaufgabe: Einen Kommentar zum Manuskript verfassen

Anhand der Druckfassung von 1911 (ARBEITSBLATT 12a) und des Manuskripts von Hoddis von 1910 (ARBEITSBLATT 12b) schreiben die Schülerinnen und Schüler einen Kommentar zum Gedicht (ARBEITSBLATT 12b, Arbeitsauftrag 3).

ARBEITSBLATT 12a

Jakob van Hoddis: *Weltende* (1911)

Fassung des Erstdrucks in *Der Demokrat* 3 (1911), Nr. 2 [11. Januar 1911]:

JAKOB VAN HODDIS

Weltende

Dem Bürger fliegt vom spitzen Kopf der Hut.
In allen Lüften hallt es wie Geschrei.
Dachdecker stürzen ab und gehn entzwei
Und an den Küsten – liest man – steigt die Flut.

Der Sturm ist da, die wilden Meere hupfen
An Land, um dicke Dämme zu zerdrücken.
Die meisten Menschen haben einen Schnupfen.
Die Eisenbahnen fallen von den Brücken.

Reclams großes Buch der deutschen Gedichte. Vom Mittelalter bis ins 21. Jahrhundert. Ausgew. und hrsg. von Heinrich Detering. Stuttgart: Reclam, 2007. S. 529.

Arbeitsaufträge:

1. Systematisieren Sie in einer Mindmap ihre ersten Eindrücke und belegen Sie diese am Gedicht.
2. Analysieren Sie das Gedicht formal und inhaltlich und entwickeln Sie eine tragfähige Deutungshypothese.
3. a) Der expressionistische Dichter Johannes R. Becher berichtet über dieses Gedicht noch 1957, viele Jahre nach seinem Erscheinen, enthusiastisch: »Immer neue Schönheiten entdeckten wir in diesen acht Zeilen, wir sangen sie, wir summten sie, wir murmelten sie, wir pfiffen sie vor uns hin […]. Was war geschehen? Wir kannten das Wort damals nicht: Verwandlung.« Wie erklären Sie sich diese Zuschreibungen?

   *b) Am 19. Mai 1910 erschien der Halleysche Komet, was im Vorfeld Unruhe verursachte und Teile der Bevölkerung in Panik versetzte. In der Presse fand das Ereignis großen Nachhall. Man fürchtete sich vor Naturkatastrophen oder dem Ausbruch unheilvoller Krankheiten. Inwiefern kann man das Gedicht auf das Erscheinen des Kometen beziehen?

   *c) Positionieren Sie sich zu den folgenden Aussagen von Literaturwissenschaftlern und belegen Sie Ihre Position am Gedicht: Nach Armin Arnold ist das Gedicht »eine großartige Zusammenfassung (und Verulkung) der stillen Befürchtungen, welche die Spießer im Mai 1910 hegten«, und Helmut G. Hermann stellt fest, das *Weltende* sei »nicht in ›magischer Erfahrung‹ des bevorstehenden Gesellschaftszerfalls entstanden, sondern schlicht von der Panikstimmung beim Herannahen des Halleyschen Kometen inspiriert« (zit. nach: Wolfgang Paulsen, *Deutsche Literatur des Expressionismus*, Bern [u. a.] 1983, S. 79).

ARBEITSBLATT 12b

Handschriftliche Fassung des Gedichts

Weltende

Dem Bürger fliegt vom spitzen Kopf der Hut
In allen Lüften hallt es wie Geschrei
Dachdecker stürzen ab und gehn entzwei
Und an den Küsten sagt man steigt die Flut
Der Sturm ist da. Die wilden Meere hupfen
An Land, um dicke Dämme zu zerdrücken
Die meisten Menschen haben einen Schnupfen
Die Eisenbahnen fallen von den Brücken.

Arbeitsaufträge:

1. Beschreiben Sie das Manuskript.
2. Formulieren Sie die Unterschiede zur Druckfassung und stellen Sie Überlegungen an, wie es dazu kam.
3. Verfassen Sie einen Kommentar, in dem Sie Ihre Sicht auf das Manuskript darstellen. Stellen Sie dazu kurz das Gedicht vor und beantworten Sie danach die Frage: Worin sehen Sie den Mehrwert des vorhandenen Manuskripts?

13 Lutz Seilers *fin de siècle* (2000): Wissen reorganisieren und Literatur reflektieren

Zu: Lutz Seiler, *fin de siècle*, 2000 (➤ ARBEITSBLATT 13, S. 106 f.)

Sachanalyse

Mit dem Titel *fin de siècle* ruft Lutz Seiler (geb. 1963) das ambivalente Stimmungsbild der Zeitenwende um 1900 auf und lenkt mit dem im Jahr 2000 erschienenen Gedicht zugleich den Blick auf die Jahrtausendwende. So werden die einschneidenden Jahreswenden ineinander verwoben. Seilers Gedicht bietet sich deswegen dafür an, lyrische Wahrnehmungsweisen der Welt heute (um 2000) und damals (um 1900) zu vergleichen.

Der Inhalt des Seiler'schen Gedichts lässt sich im Literalsinn leicht zusammenfassen: Das lyrische Ich stößt in einer Winternacht auf einer Wiener Brücke auf einen toten Irish Setter. Das Ich bindet ihn vom Geländer, beginnt ihn hin- und herzuschwenken, bis er schließlich so stark rotiert, dass am Hals ein Riss entsteht, während zugleich ein Pfeifen ertönt und seine Augenlider regelmäßig auf- und zuklappen – ein außerordentlich groteskes Bild, dessen Bedeutung zunächst dunkel bleibt.

Formal besteht das Gedicht aus 26 Versen, verteilt auf fünf unterschiedlich lange Strophen. Es ist reimlos und hat ein freies (zumeist jambisch geprägtes) Metrum. Typisch für Lutz Seiler ist die konsequente Kleinschreibung und das Fehlen jeglicher Satzzeichen (bis auf den Doppelpunkt V. 23, mit dem zum »du« übergeleitet wird), so dass die (im Prinzip existierenden) Sinn- und Satzgrenzen nur schwer wahrnehmbar sind. Systematisch verstärkt wird das durch Enjambements in jedem (!) Vers, so dass auch nie Kongruenz von Versende und Sinneinheit besteht. Aber nicht nur Satzgrenzen sind verschleiert, sondern auch Wortgrenzen: Zusammengesetzte Wörter sind stets klein und getrennt geschrieben (z. B. »nachkriegs peitschen lampen«, V. 2), stattdessen wird einmal eine Satz- bzw. Sinngrenze durch die Zusammenschreibung nicht zusammengehöriger Wörter überspielt: Das Adjektiv »knochenleichtes« (V. 10) kann aufgetrennt werden in: ›haut & knochen‹ (V. 10) und ›leichtes glocken läuten‹ (V. 10 f. – wobei in diesem kursiv ausgezeichneten Part die semantischen und grammatikalischen Verschränkungen letztlich noch komplexer sind). Diese Verschleifungen bewirken im Vortrag eine eigentümlich schwebende Musikalität, die die Surrealität des Inhalts verstärkt.

Schon formal wird deutlich, dass es nicht um Mimesis geht, die Wiedergabe eines realen Ereignisses, sondern darum, eine abgespeicherte Erfahrung, eine Atmosphäre ins Wort zu fassen und zum Klingen zu bringen. Das bestätigt sich, wenn man die scheinbar konkret benannten Realia betrachtet: In Wien gibt es keine Mozartbrücke über die Donau (V. 3, 13), und ein Kind (V. 14) ist gewiss nicht in der Lage, einen Irish Setter (V. 5) mit 25–30 kg Körpergewicht »leicht« rotieren zu lassen (V. 17 f.). Das Gedicht spielt also in einem symbolischen Raum, in dem es allerdings sehr konkrete Bildmotive aufruft.

Ein szenischer Gedichtbeginn aktiviert das innere Auge des Rezipienten; der Fokus wird in der ersten Strophe auf das lyrische Ich gelenkt: »ich ging« (V. 1). Das Präteritum zeigt an, dass alles Folgende ein Rückblick auf Vergangenes ist, genauer: ein Kindheitserlebnis (V. 14). Das Setting wird klar umrissen: Dunkelheit, im Gegensatz dazu: Schnee, Licht von Straßenlampen sowie eine Brücke, an deren Geländer angeleint ein Hund, ein Irish Setter, sitzt (V. 1–5). Das lyrische Ich bleibt anonym und allein in der winterlichen Szene – möglicherweise in der Neujahrsnacht um Mitternacht (das deutet V. 11 im Zusammenspiel mit dem Titel an: »*glocken läuten schnee gestöber*«).

Der Mittelteil enthält die grotesk anmutende Handlung mit dem Irish Setter (als zentraler Chiffre des Gedichts visuell durch einen Einzug in V. 5 hervorgehoben). Diese beginnt mit einer paradoxen Zuschreibung an den Hund in V. 6: zugleich tot (»war tot«) und lebendig (»und wartete auf mich«), dies in einem Zustand der Unbewegtheit (er »hockte noch an einem strick«, V. 74). In einer großen Dynamisierungsgeste wird der Hund in den folgenden Versen durch das lyrische Ich zunehmend in Bewegung gebracht: vom Hocken (V. 4) über Hin- und Herschwenken (V. 9 f.) und Kreisen (V. 15) bis ins Rotieren (V. 17), also in eine intensive Bewegung ohne Fortschritt. In diesem Bewegungszustand geschieht wieder Paradoxes: Destruktion (»ein riss / am hals vertiefte sich«, V. 19 f.) und scheinbare Vitalisierung: Der Hund gibt nun Töne von sich (»ein pfeifen / kam in gang«, V. 20 f.) und seine Augen fangen an zu blinzeln (»augen schalen klappten / […] auf & zu«, V. 22 f.). Im Unterschied zum ruhigen Beginn ist aber nun evident, dass diese Lebenszeichen nur scheinbare sind: Das ›Klappen‹ der »steifen / augen« (V. 21 f.) wird in V. 24 explizit als »mechanik« gekennzeichnet. Die Formulierung »du /

hättest die mechanik dieses Blicks geliebt« (V. 23 f.) erinnert an Nathanael in E. T. A. Hoffmanns *Sandmann*, der sich in die Automatenpuppe Olimpia verliebt und deren Augen ihm zunächst »seltsam starr und tot«, dann aber »immer lebendiger und lebendiger« erscheinen.[1] Der Hund gleicht hier diesem Automaten. Der Kontrast zur Ausgangssituation des kindlichen lyrischen Ich (V. 14) könnte nicht größer sein: »glocken läuten«, »schnee gestöber« (V. 11) und sein »kleines lied« (V. 13) rufen eine idyllische Szenerie voll Leben und Sinnerfülltheit auf, die sich in tote »mechanik« und Einsamkeit (V. 24 f.) verkehren.

Die hier skizzierten komplexen Bewegungsverhältnisse in Verbindung mit unterschiedlich nuancierter Leben/Tod-Opposition können mit Blick auf den Titel *fin de siècle* als eine subjektive Übergangserfahrung an der Jahrtausendwende 2000 aufgefasst werden; sicher ist es kein Zufall, dass die Szene auf einer Brücke, dem klassischen Symbol des Übergangs[2], angesiedelt ist. Auch wenn man mit konkretisierenden Lesarten vorsichtig sein muss und hier auch weitere Sinndimensionen erschlossen werden können: Man darf die Chiffre »irish setter« sicher als Sinnbild einer sich immer stärker beschleunigenden, aber das ›wahre‹ Leben abtötenden Welt betrachten, in einer Beschleunigung ohne Ziel rotierend, die den Menschen auf mechanistische, ›seelenlose‹ Funktionalität reduziert. Das getriebene Ich – »mit den nervösen / nachkriegs peitschen lampen im genick« (V. 1 f.) – betreibt in diesem Deutungskontext selbst diesen Prozess. Das »du« – gäbe es denn noch eines (Irrealis in V. 24 f.) –, das in der letzten Strophe angesprochen wird, wäre in ambivalenter Weise zugleich fasziniert davon (»du / hättest die mechanik dieses blicks geliebt«, V. 23 f.) und noch beziehungsloser (»noch einsamer«, V. 25). Folgt man diesem Deutungsansatz, ist es augenfällig, wie nah diese Bildwelt Beschreibungen der rational-kapitalistisch geprägten modernen Welt kommt. Max Weber etwa hat 1905, ein Jahrhundert zuvor, die ursprünglich sinnhafte, religiös begründete Lebensform der (früh-)kapitalistischen Welt (innerweltliche Askese) nach dem Verlust dieses lebendigen »Geistes« als »stahlhartes Gehäuse« beschrieben, eine sich selbst antreibende Maschinerie, der niemand mehr entrinnen kann: »Heute ist ihr Geist […] aus diesem Gehäuse entwichen. Der siegreiche Kapitalismus jedenfalls bedarf, seit er auf mechanischer Grundlage beruht, dieser Stütze nicht mehr.«[3] Ähnlich beschreibt etwa auch Jürgen Habermas das Vordringen des kapitalistischen Wirtschaftssystems (und des Verwaltungsapparats) als eine die traditionellen Lebensvollzüge vernichtende »Kolonialisierung« der Lebenswelt.[4] Insofern ist eine Lesart des Gedichts, die darauf abzielt, dass Seiler hier eigene Erfahrungen mit der durchrationalisierten, ›wahres Leben‹ abtötenden kapitalistischen Welt ins Bild gefasst hat, durchaus legitim. Das suggestive Schlussbild des rotierenden toten Hunds mit mechanischem Auf- und Zuklappen der Augen ist grotesk und beunruhigend, ein Schreckensbild ähnlich der Weber'schen Vision »dieser ungeheuren Entwicklung«[5] am Ende seiner *Protestantischen Ethik*. Seilers Chiffren sind aber nicht eindeutig. Im Unterricht sollten plausible andere Deutungsansätze daher ernstgenommen und weiterverfolgt werden.

Ein Vergleich mit der ersten Strophe aus dem gleichnamigen Gedicht Wilhelm Weigands von 1893 (Modul 1) zeigt, dass Seilers Gedicht formal, sprachlich und in der Metaphern-/Symbolwahl weitaus komplexer und freier ist, dass aber die typische Fin-de-Siècle-Atmosphäre, die Ambivalenzen und der »Pessimismus ›müder‹ Seelen« (Marie Herzfeld) nicht weit auseinanderliegen.

1 Vgl. E. T. A. Hoffmann, *Der Sandmann*, hrsg. von Max Kämper, Stuttgart 2021 (Reclam XL. Text und Kontext), S. 32.

2 Vgl. *Metzler Lexikon literarischer Symbole*, hrsg. von Günter Butzer und Joachim Jacob, Stuttgart/Weimar [2]2012, S. 63.

3 Max Weber, *Die protestantische Ethik und der »Geist« des Kapitalismus*, hrsg. von Andrea Maurer, Stuttgart 2017 [u. ö.], S. 230 f.

4 Jürgen Habermas, *Theorie des kommunikativen Handelns*, 2 Bde., Frankfurt a. M. 1981 [u. ö.].

5 Weber (s. Anm. 3), S. 231.

Stundenverlauf

Überblick. Die Schülerinnen und Schüler reorganisieren ihr Wissen und Gedichterschließungsmethoden aus der Unterrichtseinheit (interpretierender Gedichtvortrag, Literarisches Gespräch) und interpretieren ein zeitgenössisches Gedicht von Lutz Seiler, wobei sie Methoden des Vergleichs anwenden.

Phase	Thema	Sozialform	Kompetenzen/Lernziele	Materialien
Voraussetzungen: Bearbeitung von Modul 1				
13.1	Einstieg: Impulsfrage	PA / UG	• Rückgriff auf erworbenes Wissen; Erweiterung des Horizontes	VORLAGE 1 ➤ S. 8
13.2	Erarbeitung 1: Erste Textbegegnung – Hören	EA / UG	• Schulung des genauen Hörens und erstes Hörverstehen	
13.3	Erarbeitung 2: Texterarbeitung – Lesen	PA / EA	• Lesekompetenz üben • Visualisieren vortragsrelevanter Merkmale	ARBEITSBLATT 13 ➤ S. 106 f.
13.4	Sicherung 1: Der Gedichtvortrag	SV / UG	• Einen lyrischen Text interpretierend vortragen	ARBEITSBLATT 13 ➤ S. 106 f.
13.5	Erarbeitung 3: Literarisches Gespräch	GA / UG	• Standpunkte finden und argumentativ vertreten • Den Verstehensprozess aktiv gestalten • Verständnis- und Interpretationsansätze finden	ARBEITSBLATT 13 ➤ S. 106 f. VORLAGE 13 ➤ S. 105
13.6	Sicherung 2: Austausch zur Abschlussreflexion	UG	• Ergebnisse darstellen • Verstehensprozesse und -probleme reflektieren • Vorstellen möglicher Interpretationsansätze	ARBEITSBLATT 13 ➤ S. 106 f. VORLAGE 13 ➤ S. 105
13.7	Sicherung 3: Die Anfangserwartungen und Wirkungen des Gedichtvortrags reflektieren	UG	• Verschiedene Methoden der Gedichtzugänge reflektieren und Nutzen für die Interpretation erkennen	ARBEITSBLATT 13 ➤ S. 106 f. VORLAGE 1 ➤ S. 8
13.8	Vertiefung: Gedichtinterpretation	EA	• Die Erkenntnisse formaler, sprachlicher und inhaltlicher Art schriftlich darlegen	ARBEITSBLATT 13 ➤ S. 106 f. ARBEITSBLATT 1 ➤ S. 10 f.

13.1 Einstieg: Impulsfrage

Unterrichtsschritt. Der Titel *fin de siècle* wird an der Tafel notiert. Die Schülerinnen und Schüler rufen – zunächst in Partnerarbeit – ihr Vorwissen über die Lyrik der Jahrhundertwende 1900 auf. Sie benennen aus ihren Lern- und Leseerfahrungen Stimmungsbilder und stellen Erwartungen und Fragen an ein Gedicht aus dem Jahr 2000 mit dem Titel *fin de siècle* auf. Die Ergebnisse werden an der Tafel schriftlich festgehalten. Zur Unterstützung kann im Verlauf des Gesprächs gegebenenfalls der Januskopf von VORLAGE 1 ***Titelseite der Zeitschrift »Jugend« vom 1. Januar 1900*** noch einmal gezeigt werden.

PA / UG

VORLAGE 1 ➤ S. 8

Leitfrage für das Unterrichtsgespräch:

- Welche Assoziationen weckt ein Gedicht aus dem Jahr 2000 mit dem Titel *fin de siècle*?

Erläuterungen. Mögliche Assoziationen: Januskköpfigkeit/Ambivalenzen (›gute alte Zeit‹ und Zukunftsangst; Krieg und Neuanfang; Schatten der Vergangenheit und Aufbruch in ein neues Jahrhundert/-tausend) – Endzeitstimmung – Gefühl des Fertig-Seins – Dekadenz – Aufbruch.

13.2 Erarbeitung 1: Erste Textbegegnung – Hören

EA / UG

Internet-zugang

Unterrichtsschritt. Die Textbegegnung sollte auditiv erfolgen. Eine Quelle könnte der Gedichtvortrag unter www.lyrikline.org/de/gedichte/fin-de-siecle-116 (Stand: 5. 2. 2023) sein, alternativ ist auch der Vortrag durch die Lehrperson möglich. Nach dem ersten Hören werden die Eindrücke gesammelt und ebenfalls an der Tafel festgehalten. Die Begriffe dienen im weiteren Unterrichtsgang für mögliche Interpretationsansätze.

Erläuterungen. Es kann sinnvoll sein, den Vortrag zu wiederholen. Da auch im Lyrikline-Vortrag die klaren Wort- und Satzgrenzen verwischt sind (Stocken der Stimme bei zusammengesetzten Wörtern, kein Senken der Satzmelodie am Satzende), ist das Erfassen des Literalsinns nicht ganz leicht. Die Art des Lesens sollten die Schülerinnen und Schüler beschreiben (Wirkung: stockend, monoton). Mögliche Stimmungsbilder/Assoziationen nach dem ersten Hören: geheimnisvoll – desillusioniert – resignierend – hoffnungsvoll – fragend – emotionslos – einsam – kühl – bruchstückhaft – unheimlich – monoton – ängstlich usw. Der erste inhaltliche Eindruck wird Irritation sein, die von der Lehrperson positiv gewendet werden kann: Motivation für die genauere Untersuchung. Wahrgenommen wird sicher die groteske Situation des rotierenden toten Hundes. Gegebenenfalls durch Nachfragen ermittelt werden können auch Rahmeninformationen: erste Charakterisierung des lyrischen Ich (Kindheitserinnerung), der Ort (Brücke in Wien) und die Zeit (bei Nacht, Winter, eventuell Jahreswechsel).

13.3 Erarbeitung 2: Texterarbeitung – Lesen

PA / EA

ARBEITSBLATT 13
➤ S. 106 f.

Unterrichtsschritt mit Erläuterungen. Die Schülerinnen und Schüler erhalten das Gedicht ARBEITSBLATT 13 ***Lutz Seiler: »fin de siècle« (2000)***. Nach einer stillen Lesephase werden in Partnerarbeit Vorträge erarbeitet. So wird das Augenmerk auf die komplexen Zusammenhänge der Syntax mit den Vers- und Strophenübergängen gelegt. Die Ergebnisse werden schriftlich als Vortragspartitur festgehalten (Stimmführung). Die Stimmungen, die in Unterrichtsschritt 13.2 spontan genannt wurden, können hier als Anweisung (Tonlage) aufgenommen werden. Zusätzlich können Anmerkungen zum Ausdruck und der Darbietungsform gemacht werden.

13.4 Sicherung 1: Der Gedichtvortrag

SV / UG

ARBEITSBLATT 13
➤ S. 106 f.

Unterrichtsschritt. Exemplarisch wird das Gedicht anhand der Bearbeitung vorgetragen, parallel dazu sollte die Vortragspartitur auf ARBEITSBLATT 13 sichtbar gemacht werden. Es empfiehlt sich gerade bei stark heterogenen Lerngruppen, den Vortrag auf einen Auszug zu reduzieren, um einzelne Phänomene detailliert besprechen zu können.

13.5 Erarbeitung 3: Literarisches Gespräch

GA / UG

ARBEITSBLATT 13
➤ S. 106 f.
Lösungs-hinweise
➤ S. 125
VORLAGE 13
➤ S. 105

Unterrichtsschritt mit Erläuterungen. Die Schülerinnen und Schüler bilden Gruppen zu maximal sieben Personen. Ein Schüler bzw. eine Schülerin übernimmt die Gesprächsleitung der Runde und trägt das Gedicht in einzelnen Sinnabschnitten (Sätze, gemäß der vorbereiteten Partitur) in der Gruppe vor (dies könnte durch Schülerinnen oder Schüler erfolgen, die ein gutes Ergebnis der Vortragspartitur erzielt haben). Alle anderen Mitglieder haben das Gedicht vorliegen und lesen mit. Zu jedem Sinnabschnitt schließt sich eine Diskussion an. Das Verfahren folgt in der in Unterrichtsstunde 6 bereits erprobten Form des Literarischen Gesprächs: Fragen nach dem Verständnis, Wirkungen, Assoziationen, sprachliche Beobachtungen etc. werden ausgetauscht und führen nach und nach in der Diskussion zu einem Textverständnis. Es ist gewünscht, dass auf die Beiträge reagiert wird, so dass ein Gespräch entsteht, indem beispielsweise reihum jedes Gruppenmitglied zu Wort kommt (ARBEITSBLATT 13, Arbeitsauftrag 2).

Abschließend versuchen die Gruppen einen Deutungsansatz für das Gedicht zu entwickeln (Arbeitsauftrag 3). Leitfragen, die helfen das Gespräch zu reflektieren, können dafür zur Unterstützung gezeigt werden (VORLAGE 13 ***Leitfragen für Deutungsansätze des Gedichts***).

VORLAGE 13

Leitfragen für Deutungsansätze des Gedichts

- Formulieren Sie in einem Satz, was in dem Gedicht im Wortsinn passiert.
- Welchen Versen kam besondere Aufmerksamkeit zu?
- Was fiel Ihnen schwer in Worte zu fassen?
- Eine zentrale Chiffre ist der »irish setter«. Wie wird er charakterisiert, was passiert mit ihm? Beobachten Sie Veränderungen im Verlauf des Gedichts? Formulieren Sie in einem Satz eine Hypothese, was diese Chiffre bedeuten könnte.
- Wie stehen der Titel und der Inhalt des Gedichts zueinander?

13.6 Sicherung 2: Austausch zur Abschlussreflexion

Unterrichtsschritt mit Erläuterungen. Im Plenum stellen die Gruppen die Ergebnisse ihrer Gesprächslektüre vor. Dabei können die Leitfragen beantwortet werden. Erweiterungen sind ebenso möglich. Interessant dürfte die Frage der Lehrkraft nach den individuellen Erkenntnissen während der Gesprächslektüre sein, etwa die mögliche Wahrnehmung von bedeutungstragenden Adjektiven wie ›nervös‹ oder ›müde‹, die jeweils zweimal vorkommen und einen direkten Bezug zur Fin-de-Siècle-Stimmung um 1900 herstellen, aber auch die paradoxe Erstbeschreibung des Irish Setter als ›tot‹ und ›wartend‹ usw. Bei den Deutungsversuchen der Chiffre »irish setter« sollte ein möglichst großer Spielraum gewährt werden. Wichtig ist dabei immer die Plausibilisierung durch Textbezug.

UG

ARBEITSBLATT 13 ➤ S. 106 f.
VORLAGE 13 ➤ S. 105

13.7 Sicherung 3: Die Anfangserwartungen und Wirkungen des Gedichtvortrags reflektieren

Unterrichtsschritt. Das Unterrichtsgespräch wird abschließend auf die anfänglichen Erwartungen an ein Gedicht mit dem Titel *fin de siècle* und die auditiven Erstbegegnungen zurückgelenkt.

Leitfragen für das Unterrichtsgespräch:
- Welche Erwartungen wurden erfüllt? Inwieweit sind in Seilers Gedicht bekannte Fin-de-Siècle-Erfahrungen um 1900 verarbeitet? (Hier kann auch noch einmal der Januskopf von VORLAGE 1 gezeigt werden, um den Rückbezug zu veranschaulichen.)
- Welche Wirkungen des Gedichtvortrags (hier kann unterschieden werden zwischen der Audioversion und dem eigenen Vortrag) konnten im Laufe der detaillierten Gesprächslektüre am Gedicht begründet werden?

UG

ARBEITSBLATT 13 ➤ S. 106 f.
VORLAGE 1 ➤ S. 8

13.8 Vertiefung: Gedichtinterpretation

Unterrichtsschritt. Die Schülerinnen und Schüler interpretieren das vorliegende Gedicht schriftlich (ARBEITSBLATT 13, Arbeitsauftrag 4). Dabei können sie eine Deutungshypothese, die sie in der Gesprächslektüre entwickelt haben, als Ausgangspunkt der Interpretation nehmen. Alternativ können sie sich auf ein Max-Weber-Zitat beziehen. In beiden Varianten soll ein kurzer Vergleich mit dem gleichnamigen Gedicht von Wilhelm Weigand (ARBEITSBLATT 1) vorgenommen werden. Zur Unterstützung können gegebenenfalls die Lösungshinweise beigefügt werden.

Alternative. Der Arbeitsauftrag kann auch als Hausaufgabe bearbeitet werden.

EA

ARBEITSBLATT 13 ➤ S. 106 f.
ARBEITSBLATT 1 ➤ S. 10 f.

Lutz Seiler: *fin de siècle* (2000)

Vortragsanweisungen

Erkenntnisse und Beobachtungen des Literarischen Gesprächs

LUTZ SEILER
fin de siècle

ich ging im schnee mit den nervösen
nachkriegs peitschen lampen im genick
über die wiener mozart brücke dort
hockte noch an einem strick ein müder
irish setter er

war tot und wartete auf mich das
heisst ich band den strick
vom sockel des geländers und begann
das tier ein wenig hin & her
zu schwenken *haut & knochenleichtes*
glocken läuten schnee gestöber
setzte ein ich sang

ein kleines lied über die donau hin
& z'rück (ich war ein kind) der tote
setter kreist jetzt an meinem
rechten arm über die schöne
balustrade er rotierte
leicht & gross in das nervöse
nachkriegs lampen licht ein riss
am hals vertiefte sich ein pfeifen

kam in gang und seine steifen
augen schalen klappten
müde auf & zu: du

hättest die mechanik dieses blicks geliebt
und wärst noch einsamer gewesen
über dem schnee, der brücke & dem alten lied

Lutz Seiler: pech & blende. Gedichte.
Frankfurt a. M.: Suhrkamp, 2000. S. 15.

Worterläuterungen:
2 peitschen lampen: Peitschenlampen: Straßenlampen mit gebogenem Kopf, an dem sich die Lichtquelle befindet | **3 wiener mozart brücke:** Tatsächlich gibt es keine Mozartbrücke in Wien. | **5 irish setter:** mittelgroße Hunderasse, etwa 60 cm groß, 25–30 kg schwer.

Arbeitsaufträge:

1. Entwerfen Sie eine Vortragspartitur für das Gedicht und üben Sie einen Vortrag ein. Versehen Sie das Gedicht mit Anweisungen (Spalte *links vom Gedichttext*) und Zeichen (*im Gedichttext*) für
   - *Stimmführung:* Pausen, Vers-/Strophensprünge, Vortragsgeschwindigkeit (langsamer bzw. schneller werdendes Sprechen), Lautstärke, Betonungen einzelner Worte oder Sinneinheiten
   - *Tonlage:* z. B. resignierend, schwungvoll (entsprechend der zuvor gesammelten Stimmungsbilder und Assoziationen)
   - *Ausdruck und Darbietung:* Mimik, Gestik, Darstellungsform (sitzend, stehend, gehend), Blickkontakte
2. Führen Sie in Ihrer Gruppe ein Literarisches Gespräch. Notieren Sie wichtige Fragen, Erkenntnisse und Deutungsansätze. Nutzen Sie dazu die Spalte *rechts vom Gedichttext.*
3. Versuchen Sie in der Gruppe in einem Satz eine mögliche Deutungshypothese zu formulieren.
4. a) Interpretieren Sie das Gedicht. Vergleichen Sie es abschließend mit Wilhelm Weigands gleichnamigem Gedicht von 1893 (ARBEITSBLATT 1, M 2).
   b) Interpretieren Sie das Gedicht, indem Sie einen Vergleich mit folgendem Zitat des Soziologen Max Weber anstellen, der 1905 die ursprünglich religiös begründete asketisch-pflichtbewusste Lebensform im modernen Kapitalismus als »stahlhartes Gehäuse« bezeichnete und erläuterte:

»[…] indem die Askese aus den Mönchszellen heraus in das Berufsleben übertragen wurde […], half sie jenen mächtigen Kosmos der modernen, an die technischen und ökonomischen Voraussetzungen mechanisch-maschineller Produktion gebundenen Wirtschaftsordnung erbauen, der heute den Lebensstil aller einzelnen, die in dies Triebwerk hineingeboren werden […], mit überwältigendem Zwange bestimmt und vielleicht bestimmen wird, bis der letzte Zentner fossilen Brennstoffs verglüht ist. […] Heute ist ihr Geist [d. h. die ursprünglich religiöse Begründung dieser Lebensweise] aus diesem Gehäuse entwichen. Der siegreiche Kapitalismus bedarf, seit er auf mechanischer Grundlage ruht, dieser Stütze nicht mehr.«

Max Weber, *Die protestantische Ethik und der »Geist« des Kapitalismus*, hrsg. von Andrea Maurer, Stuttgart: Reclam, 2017 [u. ö.], S. 230 f.

Lösungshinweise zu ARBEITSBLATT 1 (M 2, ➤ S. 10 f.)

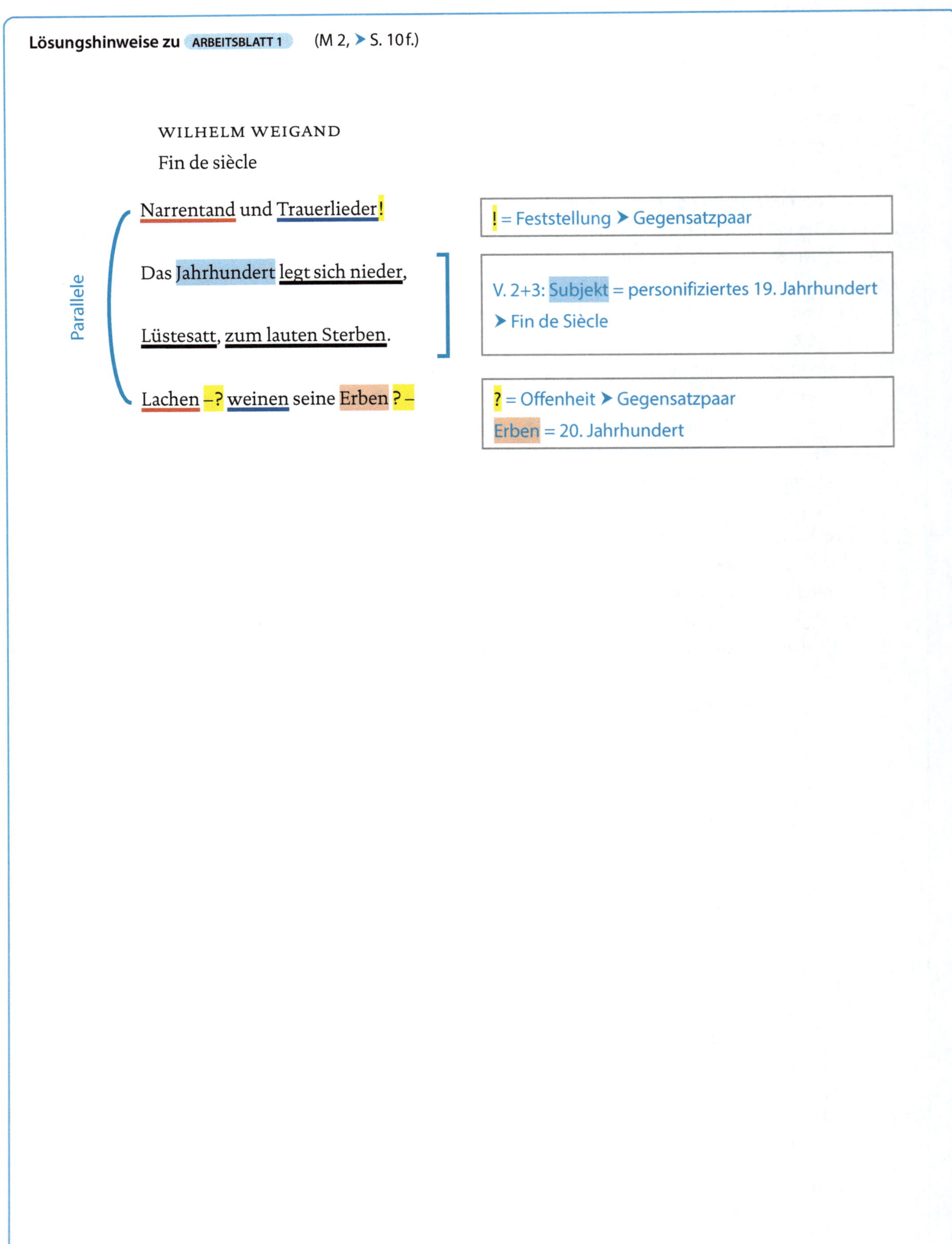

Lösungshinweise zu ARBEITSBLATT 2b (M 4, ➤ S. 18)

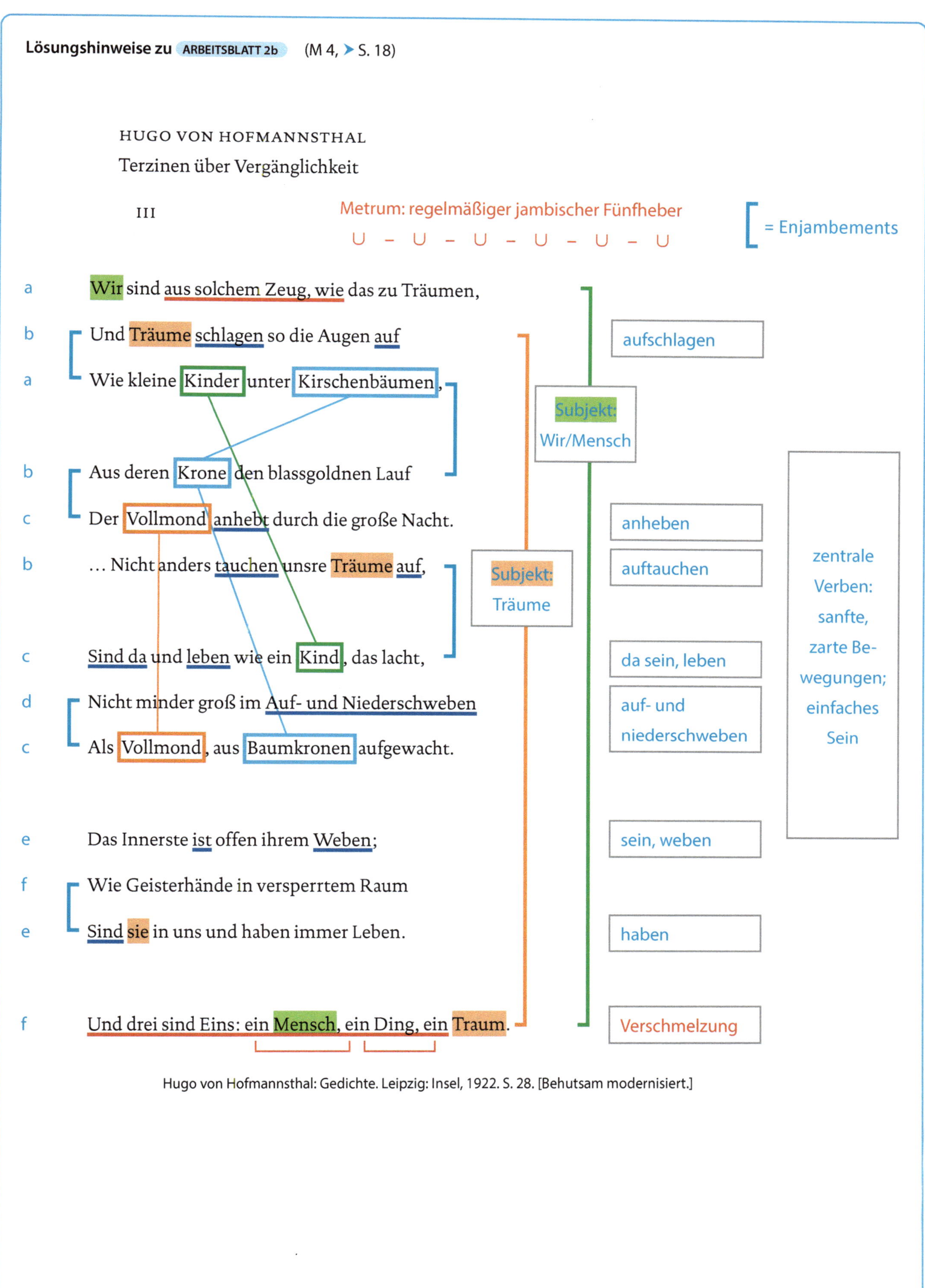

Hugo von Hofmannsthal: Gedichte. Leipzig: Insel, 1922. S. 28. [Behutsam modernisiert.]

Lösungshinweise zu ARBEITSBLATT 3b (➤ S. 26 f.)

RICHARD DEHMEL

Der Arbeitsmann

Sprecher des Gedichts / lyrisches Ich

Wir haben ein Bett, wir haben ein Kind,
mein Weib!
Wir haben auch Arbeit, und gar zu zweit,
und haben die Sonne und Regen und Wind.
Und uns fehlt nur eine Kleinigkeit,
um so frei zu sein, wie die Vögel sind:
Nur Zeit.

Adressat 1. Strophe: Individuum (Familie)

Strophenschluss: immer gleichlautend, reimlos

Bürgerliches Ideal: romantische Natur, Idylle, einziger Mangel: Zeit

Wenn wir sonntags durch die Felder gehn,
mein Kind,
und über den Ähren weit und breit
das blaue Schwalbenvolk blitzen sehn,
oh, dann fehlt uns nicht das bißchen Kleid,
um so schön zu sein, wie die Vögel sind:
Nur Zeit.

Adressat 2. Strophe: Individuum (Familie)

Wendepunkt

Nur Zeit! Wir wittern Gewitterwind,
wir Volk.
Nur eine kleine Ewigkeit;
uns fehlt ja nichts, mein Weib, mein Kind,
als all das, was durch uns gedeiht,
um so kühn zu sein, wie die Vögel sind.
Nur Zeit!

Adressat 3. Strophe: Masse

Strophenschluss: im Wortlaut gleich, aber syntaktisch verändert: Drohung

Umkehrung: gefährliche Natur; es mangelt an allem (Produktionsmittel?) ➤ Revolution?

Aus: Simplicissimus. Illustrierte Wochenschrift 1 (1896). Nr. 38. S. 3.

Lösungshinweise zu ARBEITSBLATT 4a (➤ S. 33)

DETLEV VON LILIENCRON

Lebewohl an meinen verstorbenen Freund, Herrn Naturalismus (1897)

Dichtung

Widerliches Wort: Gekose,
Leider reimt es sich auf Rose.
Immer auch die Herzenschmerzen,
Sanft beglänzt von Unschlittkerzen;
Und die lieben Sonnenwonnen,
Eingesargt in Pökeltonnen.

Kontrast:

- Wortfeld aus romantischer Liebeslyrik, zusammengesetzte Wörter ↔
- Wortfeld Schlachten/Tod, negative Urteile (Signalwirkung durch einleitende Alliteration)

➤ ironische Wirkung

Dichter

Nimm die Muse bei der Hand,
Drück sie feste an die Wand,
Küsse ihr den weißen Nacken,
Küsse ihr die frischen Backen.
Lachen wird ihr roter Mund,
Und besiegelt ist der Bund.

Aktivität des Dichters (statt »von der Muse geküsst«):

- Imperative
- kurze (Reim-)Wörter (1–2 Silben)
- unsentimentale Adjektive/Adverbien

Leben Sie wohl! Ach, es war doch so schön,
als wir damals »zusammen« gingen,
Sie und Ihr alter Freund
1887–1897. Detlev Liliencron.

= Würdigung der Leistung des Naturalismus, dessen Zeit aber als beendet betrachtet wird

50 Gedichte um 1900. Naturalismus – Fin de Siècle – Frühexpressionismus. Hrsg. von Gabriele Sander. Stuttgart: Reclam, 2023. S. 17

Lösungshinweise zu ARBEITSBLATT 4c (➤ S. 35 f.)

ARNO HOLZ

Rote Dächer!
Aus den Schornsteinen, hier und da, Rauch,
oben, hoch, in sonniger Luft, ab und zu, Tauben.
Es ist Nachmittag.
Aus Mohdrickers Garten her gackert eine Henne,
die ganze Stadt riecht nach Kaffee.

Ich bin ein kleiner, achtjähriger Junge
und liege, das Kinn in beide Fäuste,
platt auf dem Bauch
und kucke durch die Bodenluke.
Unter mir, steil, der Hof,
hinter mir, weggeworfen, ein Buch.
Franz Hoffmann. Die Sclavenjäger.

Wie still das ist!

Nur drüben in Knorrs Regenrinne
zwei Spatzen, die sich um einen Strohhalm zanken,
ein Mann, der sägt,
und dazwischen, deutlich von der Kirche her,
in kurzen Pausen, regelmäßig, hämmernd,
der Kupferschmied Thiel.

Wenn ich unten runtersehe,
sehe ich grade auf Mutters Blumenbrett:
ein Topf Goldlack, zwei Töpfe Levkojen, eine Geranie
und mittendrin, zierlich in einem Zigarrenkistchen,
ein Hümpelchen Reseda.

Wie das riecht? Bis zu mir rauf!

Und die Farben!
Jetzt! Wie der Wind drüber weht!
Die wunder, wunderschönen Farben!

Ich schließe die Augen. Ich sehe sie noch immer.

Arno Holz: Phantasus. Erstes Heft. Berlin: Sassenbach, 1898. S. [19].

Sinneseindrücke:
- Z. 1–3: sehen
- Z. 5: hören
- Z. 6: riechen
- Z. 7–13: Lyrisches Ich als Wahrnehmender
- Z. 10: sehen
- Z. 14: hören
- Z. 15–17: hören
- Z. 21–22: sehen
- Z. 26: riechen
- Z. 27: sehen
- Z. 30: Lyrisches Ich als Erinnernder

Atmosphäre:
- sonnig
- Welt von oben / klein
- Menschen und Tiere je für sich beschäftigt
- Natur blühend
- still
- friedlich
- Sommer
- blühend
- bunte Farben

zu M 1:

MAX DAUTHENDEY
Die Schlafende unterm Nussbaum

Der grüne Nussbaum, mit den grünen Nüssen, a
Steht ausgebreitet in dem Sommerraum, b
Mit seinen Blätterschirmen rund geweitet, x
Die lautlos Deinen Schlaf behüten müssen. a
Und nur der Wolke dunstiger Schaum b
Begleitet in die Ferne Deinen Traum. b
Still, wie gestorben, liegst Du in dem Blätterhaus, c
Und draußen trocknet Heu im Sonnenschein, d
Es schläft das stille Heu sich mit Dir aus; c
Es dörren drinnen Blumen falb und klein, d
Sie wurden all' von Hitze ganz von Sinnen e
Und starben alle unterm Sichelblitze. f
Sie ließen sich vom Tode minnen e
Und fielen um auf ihrem grünen Sitze, f
Schlossen, wie Du, die helle Augenritze f
Und liegen da mit stillen Rumpfen, g
Wie Du im Schlaf, im dumpfen, g
Unter den Nussbaum Deinen Leib gelegt, h
Indes Dein Traum allein Dein Herz bewegt h
Und mit der Wolke hinzieht an der Erde Saum. – b
Tote und Schlafende, sie sind unendlich, x
Sind kaum noch Schaum im Weltenraum, b
Doch ist der Schlaf nur wie vom Tod der Flaum. b

50 Gedichte um 1900. Naturalismus – Fin de Siècle – Frühexpressionismus. Hrsg. von Gabriele Sander. Stuttgart: Reclam, 2023. S. 42

Thema: Schlaf/Traum
Im Fokus der Betrachtung: »Du« (»Schlafende«) im Schatten (dunkle Vokale)

Wie-Vergleich = Scharnier

Chiasmus

Mittelachse

Thema: Tod
Im Fokus der Betrachtung: abgemähte und vertrocknende Blumen in der Sonne (helle Vokale = scharf)
Personifikation des Todes

Wie-Vergleich = Scharnier

Rückbindung zum Thema: Schlaf/Traum; »Du«

Chiasmus

Binnenreim V. 22

Schlaf und Tod im Vergleich
Gemeinsamkeit: unbewegt, »unendlich«
Unterschied: »Flaum«

 (➤ S. 42 f.)

Adjektive:

Farben (optisch)

- grün (3 ×)
- dunstig

  ↕ *Kontrast*
- falb
- hell

Klänge (auditiv)

- still (3 ×)
- lautlos (Synonym)
- dumpf

→ *Entsprechung*

Sonstige:

- allein
- unendlich → *Entgrenzung von Zeit und Raum (Traum und Tod)*

zu M 2:

Kriterien zur Beobachtung sprachlicher Phänomene impressionistischer Dichtung:

- Klangliche Ebene: Reimschema und -qualität, End- und Binnenklänge; Alliterationen, Wiederholungen
- Klang- und Lesefluss / Druckbild: Enjambements
- Lexikalische Ebene: Wortspiele; Wortneuschöpfungen/-kompositionen; Metaphern und Vergleiche [Bildlichkeit])
- Wortwahl: insbesondere Verben, Adjektive und Partizipien
- Syntaktische Ebene: Inversionen, Ellipsen, Parallelismen, Chiasmus

 (➤ S. 49)

Stefan George: *Im windes-weben* (1907)

Gedicht	Reim	Deutung
Im windes-weben	a	1. Wortlose (?) Begegnung / Kommunikation (»Nur«), in der Vergangenheit
War meine frage	b	
Nur träumerei.	c	
Nur lächeln war	d	
Was du gegeben.	a	
Aus nasser nacht	e	2. Metaphorisch: Frühlingsbeginn (Mai = Gegenwart) ≙ Gefühlsintensivierung
Ein glanz entfacht –	e	
Nun drängt der mai ·	c	
Nun muss ich gar	d	3. Gegenwart und Zukunft (»Alle Tage«): Distanz, Gefühl erst im letzten Vers explizit benannt
Úm dein aúg und háar	d	
Álle táge	b	
In sehnen leben.	a	

Parallelismus

Zunehmend Intensivierung des Gefühls »sehnen« (V. 12)

bei zunehmender Distanz von dem/der Geliebten

Metrum:

- gleichmäßiger jambischer Zweiheber
- gestört in V. 10/11: trochäisch, V. 10 Dreiheber

X = Alliterationen

Stefan George: Gesamt-Ausgabe der Werke. Tl. 6/7: Der siebente Ring. Berlin: Bondi, 1931. S. 158.

Lösungshinweise zu ARBEITSBLATT 7 (➤ S. 55)

CHARLES BAUDELAIRE / STEFAN GEORGE

Einer Vorübergehenden (À une passante)

Sonett, Metrum: Endecasillabo (jambischer Fünfheber)

Stilmittel	Vers	Reim
Alliteration	Es tost betäubend in der strassen raum.	a
Adverb-Reihung	Gross schmal in tiefer trauer majestätisch	b
	Erschien ein weib · ihr finger gravitätisch	b
	Erhob und wiegte kleidbesatz und saum ·	a
	Beschwingt und hehr mit einer statue knie.	c
	Ich las · die hände ballend wie im wahne ·	d
	Aus ihrem auge (heimat der orkane):	d
Parallelismus	Mit anmut bannt mit liebe tötet sie.	c
	Ein strahl … dann nacht! o schöne wesenheit	e
	Die mich mit EINEM blicke neu geboren ·	d
	Kommst du erst wieder in der ewigkeit ?	e
Steigerung	Verändert · fern · zu spät · auf stets verloren!	f
Chiasmus	Du bist mir fremd · ich ward dir nie genannt ·	g
	Dich hätte ich geliebt · dich die's erkannt.	g

Charles Baudelaire. Die Blumen des Bösen.
Umdichtungen von Stefan George. Berlin: Bondi, 1901. S. 137.

Objektiv: **Beobachtung** in einer Konzentrationsbewegung

- Großstadtszenerie (V. 1)
- Erscheinung/Silhouette der Frau (V. 2 f.)
- Geste/Bewegung (V. 3–5)
- Blickkontakt mit lyrischem Ich (Wahrnehmung: *femme fatale* = Liebe und Gefahr)

Subjektiv: **Reflexion**

- Erlebnis: plötzliche radikale Veränderung des Ich (V. 9–11)

- Erkenntnisprozess: bleibt ein ›vorübergehendes‹ inneres Erleben, nicht verwirklicht: Irrealis (V. 12–14)

➤ **Thema:** Die Flüchtigkeit einer Liebesbegegnung zwischen einer unbekannten, fremden Frau und dem lyrischen Ich wird dargestellt

➤ **Sprachliche Charakteristika:** vorherrschende Einsilbigkeit, Aussparungen von Vollverben, Ellipsen und Leerstellen, Verwendung partizipialer Verbformen und Fokussierung auf erlesene Einzelwörter

Lösungshinweise zu ARBEITSBLATT 8b (➤ S. 62) **(Seite 1 von 2)**

HEDDA SAUER

Die Insel

Am Horizont stand ein Magnolienbeet, — a
Die Appeninen. — b

Von einer Insel träumt' ich, — c
An blauem Wasser säumt' ich, — c
Und von saphir'nem Wind umwebt — a
Sah ich die Sonne von den Büschen rinnen. — b
Fern war der Strand, — d
Der Leben heißt, der graue, stauberfüllte, — e
In Myrtenschleier hüllte — e
Mich ein mein Inselland. — d
Mich ein – und Dich. Ich weiß es wohl, wie bald — f
Schreit mit dem roten Mund der Morgen wach — g
Den süßen Traum in unserm Pinienwald. — f
Die Sonne glitt über das Lorbeerdach, — g
Ins blaue Wasser sah ein Mandelbaum. – – — h
– Und nun am Strand, am stauberfüllten, grauen, — i
Mein Inselland versank. Ich kann's nicht mehr, — k
So sehr ich mich auch mühe, schauen. — i

– – – Doch ich komm wieder übers blaue Meer, — k
Mein Boot heißt Sehnsucht und mein Fährmann Traum. — h

50 Gedichte um 1900. Naturalismus – Fin de Siècle – Frühexpressionismus.
Hrsg. von Gabriele Sander. Stuttgart: Reclam, 2023. S. 46.

Lösungshinweise zu ARBEITSBLATT 8b (➤ S. 62) **(Seite 2 von 2)**

Bedeutungstragende Substantive	Bedeutungstragende Verben	Bedeutungstragende Adjektive/Adverbien
Realität		
• Horizont, Apennin • Strand, Leben • (roter) Mund, Morgen	• stehen • schreien • nicht können, sich mühen	• grau, stauberfüllt • rot, wach
Traumwelt		
• Insel, Meer • Wasser, Wind, Sonne, Büsche • Traum, Sehnsucht (Boot, Fährmann) • Magnolienbeet, Myrtenschleier, Pinienwald, Lorbeerdach, Mandelbaum	• träumen, säumen • umweben, einhüllen • rinnen, gleiten, versinken	• blau • saphirn • süß

➤ großer Bogen: vom Versetzen in die Inseltraumwelt bis zu deren Versinken / Rückkehr ins reale Leben. Rahmen: Anregung durch (exotisches) »Magnolienbeet« (V. 1–2), Sehnsucht nach Rückkehr in Traumwelt (Tod?) am Schluss (V. 19–20).

Lösungshinweise zu ARBEITSBLATT 9b (➤ S. 71–73)

zu M 3:

Objektebene / Realität

- Nennung des beobachteten »Objekts«
- genauer Ort
- »Spiegelbilder«: Wasseroberfläche
- Farbnennung

- Bewegung »ins Grüne«
- Haltung: »leicht gedreht«

- Bewegung: Kopf in Gefieder gesteckt

- plötzliche Veränderung: Kreischen anderer Vögel in der Volière
- Reaktion: »erstaunt«, »schreiten«

RAINER MARIA RILKE
Die Flamingos

Jardin des Plantes, Paris

In Spiegelbildern wie von Fragonard
ist doch von ihrem Weiß und ihrer Röte
nicht mehr gegeben, als dir einer böte,
wenn er von seiner Freundin sagt: sie war

noch sanft von Schlaf. Denn steigen sie ins Grüne
und stehn, auf rosa Stielen leicht gedreht,
beisammen, blühend, wie in einem Beet,
verführen sie verführender als Phryne

sich selber; bis sie ihres Auges Bleiche
hinhalsend bergen in der eignen Weiche,
in welcher Schwarz und Fruchtrot sich versteckt.

Auf einmal kreischt ein Neid durch die Volière;
sie aber haben sich erstaunt gestreckt
und schreiten einzeln ins Imaginäre.

Rainer Maria Rilke: Gedichte. Ausw. und Nachw. von Dietrich Bode. Stuttgart: Reclam, 1997 [u. ö.]. S. 160.

Subjektive Wahrnehmungsperspektive

- Fragonard: Vergleich mit dem Maler, nicht mit konkretem Bild ➤ Malstil und erotische Thematik im Vordergrund
- Wirkung der Farbe: wie noch nicht ganz wach

- Vergleich mit Blumen: »blühend, wie in einem Beet« ➤ Steigerung des erotischen Eindrucks: »verführender« als Phryne (= Inbegriff antiker Schönheit) – und zwar: »sich selber« (Kopf in Gefieder),
- »hinhalsend« = Neologismus, »Schwarz und Fruchtrot« = erotisches Bild
- Kreischen wird als Neid der anderen Vögel wahrgenommen
- Schreiten: Flamingos sind unbeeindruckt

- »Imaginäre«: Kunstbezug, Abhebung von der Realität, Flamingos als in der Vorstellung des Betrachters befindliche Wesen

Lösungshinweise zu ARBEITSBLATT 9c (➤ S. 74)

Auf dem Weg in Rilkes Spätwerk

Beispiel eines Lautdenkprotokolls (gelb: fokussierter Bereich, blau: Protokolltext):

RAINER MARIA RILKE
Der Tod

Da steht der Tod, ein bläulicher Absud
in einer Tasse ohne Untersatz.
Ein wunderlicher Platz für eine Tasse:
steht auf dem Rücken einer Hand. Ganz gut
erkennt man noch an dem glasierten Schwung
den Bruch des Henkels. Staubig. Und: »Hoff-nung«
an ihrem Bug in aufgebrauchter Schrift.

Das hat der Trinker, den der Trank trifft,
bei einem fernen Frühstück ab-gelesen.

Was sind denn das für Wesen,
die man zuletzt wegschrecken muss mit Gift?

Blieben sie sonst? Sind sie denn hier vernarrt
in dieses Essen voller Hindernis?
Man muss ihnen die harte Gegenwart
ausnehmen, wie ein künstliches Gebiss.
Dann lallen sie. Gelall, Gelall ....
....

O Sternenfall,
von einer Brücke einmal eingesehn –:
Dich nicht vergessen. Stehn!

Rainer Maria Rilke: Gesammelte Werke. Hrsg. von Annemarie Post-Martens und Gunter Martens. Stuttgart: Reclam, 2015. S. 741.

- »da«: deiktische Lenkung des Leserblicks; Personifikation des Todes (Mittel des Todes oder Symbol für den Tod)
- Überraschendes Bild
- Unsicherheit
- Typographische Unterstützung: gebrochene Hoffnung
- Zeitlicher Prozess: Vergänglichkeit
- Schicksalhafte Begegnung: Schicksal lässt den Selbstmörder aus dem Leben treten
- Metaphorische Verrätselung; Wortumdeutung: zeitlicher Prozess (s. V. 7)
- Tonfall: Mitleid oder Vorwurf
- Neologismus: »weg-« statt »ab-«
- Tonfall: entrüstet (erwartete Antwort: ja)
- Tonfall: kühl, unpersönlich, aggressiv, schonungsloser Blick
- »ausnehmen«: verknüpft zwei Bildbereiche unkonventionell miteinander (Dekadenz und Verfall; unschönes Bild; künstliche Lebenserhaltung)
- »Gelall«: onomatopoetisch, Sprachverlust ➤ Auflösung der Syntax, Verstummen (= Tod)
- »O Sternenfall«: Bildwechsel; metaphorisch geladene Sprache; Allegorie des Todes
- Brücke als Ort, der in eine andere Welt führt; »eingesehn«: Neologismus: im Sinne von ›verstehen‹; Wort bezieht sich eher auf Schriftstücke
- Imperativ als Aufforderung, dem Tod mutig entgegenzutreten

Vergleichsaspekte

	Morgen (Übers. Siebenmann)	***Südlicher Morgen*** (Übers. Borges)
Formale Merkmale	• 11 Verse • kompaktes Erscheinungsbild	• 17 Verse (häufig Verteilung auf mehrere Verse: V. 2 f., 4–6, 7 f., 9 f., 14 f., 16 f.) • sehr unterschiedliche Verslängen • tendenziell wenige Wörter pro Vers • optische Einrückungen bzw. Leerstellen innerhalb eines Verses: V. 7 Hervorhebung des »schallt«, V. 12 ›Verlängerung‹ des Vorgangs des Fallens • ein Vers nicht übernommen: »Trunken wie ein Propeller« • Leerraum V. 7: ➤ Zersplitterung in Versatzstücke
Titel	»Morgen« = wörtlich	»Südlicher Morgen« = erweitert, Anklang an mediterrane Welt
Widmung		»An Kurt Heynicke« ➤ Adressat: expressionistischer Dichter
Adjektive/ Adverbien	nur drei: V. 3, 4, 10	sieben: V. 1, 3, 4, 12, 14, 15, 16: »reife Farben«, »hohlen Händen«, »klarer Baum«, »welkes Blatt«, »schwarzen Vögel«, »losgewordne Nächte«, »junge Morgen« ➤ atmosphärische Intensivierung
Substantive	V. 2 »Bambusstange« ≙ V. 4 »Propeller« V. 5 »Weckruf« ≙ V. 6 »Sporen« ≙ V. 7 »Spielkarte« ≙	V. 3 »Bambuszweig« keine Entsprechung, Vers entfällt V. 8 »Hahnenschrei der Sonne« V. 10 »Sonnensporen« (Neologismus) V. 11 f.: anderes Bild (»welkes Blatt«) ➤ Neologismen; neue und ungewöhnliche Metaphorik
Satzbau	V. 3 normaler Aussagesatz	V. 4–6 Inversion ➤ komplexer
Verben	singen, sein, wachsen, blasen, schlagen, fliegen, pflügen, niederlassen	singen, sein, wachsen, schallen, bersten, fallen, hochfliegen, rudern, singen ➤ teils Intensivierung des Geschehens, ausgefallene Wortwahl (»birst«, »rudern«, »singen«)

Lösungshinweise zu ARBEITSBLATT 10d (➤ S. 86) (Seite 2 von 2)

Vergleich/ Bildlichkeit	V. 7/8 Vergleich »Wie eine Spielkarte«	V. 11/12 Verknappung des Vergleichs zur Metapher »welkes Blatt«, die optisch eingerückt ohne syntaktische Verbindung steht
	V. 9 Akteur: »Himmel«	V. 10 Akteur »schwarze[ ] Vögel«
	V. 10 Vergleich: »gleich irrenden Nächten«	V. 15 Vergleich: »wie losgewordne Nächte« ➤ Neologismus, neue Bildlichkeit
Schluss: Darstellung des Morgens	V. 11 Personifikation als Vogel: »lässt der Morgen sich auf meiner Schulter nieder«	V. 16 f. Personifikation: »Der junge [Adjektiv] Morgen [...] singt« [Verb] + Vergleich »wie ein anderer Vogel« ➤ assoziationsreicher, größerer Deutungsspielraum

Zusammenfassung der Beobachtungen
• atmosphärische Intensivierung des Textes durch zahlreiche bildkräftige Adjektive/Adverbien, Verstärkung der Assoziationsräume (z. B. bei »Südlicher Morgen« statt »Morgen«) • Intensivierung durch Verknappung im Stil vom Vergleich zur Metapher • ausgefallene Wortwahl und -form bei Verben (»birst«) • Neologismen, neue unverbrauchte Bildsprache • Zersplitterung der Sätze durch Verteilen auf mehrere Verse, Leerstellen, besondere Satzstellung • Erhöhung des Deutungsspielraums durch optische Leerstellen V. 7 und V. 12

Interpretation der Beobachtungen (Bedeutung)
➤ Borges' deutsches Gedicht ist eigentlich keine Übersetzung seines eigenen Gedichts, sondern eine Nachdichtung in expressionistischem Stil. Nacheifern und Umsetzen expressionistischer Sprachmerkmale können als Ausdruck der Bewunderung für die expressionistische Sprache Kurt Heynickes (Widmungsempfänger!) interpretiert werden.

Lösungshinweise zu ARBEITSBLATT 11c (➤ S. 93)

ELSE LASKER-SCHÜLER

Nervus Erotis

a Dass uns nach all der heißen Tagesglut
b Nicht eine Nacht gehört …
a Die Tuberosen färben sich mit meinem Blut,
c Aus ihren Kelchen loderts brandrot!

d Sag mir, ob auch in Nächten Deine Seele schreit,
b Wenn sie aus bangem Schlummer auffährt,
d Wie wilde Vögel schreien durch die Nachtzeit.

Lyrisches Ich:
ROT
BLUT
➤ (unerfülltes) Begehren

Antwort des **Du**:
SCHREI

---

c Die ganze Welt scheint rot,
e Als ob des Lebens weite Seele blutet.
c Mein Herz stöhnt wie das Leid der Hungersnot,
c Aus roten Geisteraugen stiert der Tod.

f Sag mir, ob auch in Nächten Deine Seele klagt,
e Vom starken Tuberosenduft umflutet,
f Und an dem Nerv des bunten Traumes nagt.

Else Lasker-Schüler: Die Gedichte. Auswahl. Hrsg. und komm. von Gabriele Sander. Stuttgart: Reclam, 2020. S. 10 f.

Lyrisches Ich:
ROT
BLUT
➤ Entgrenzung/Vernichtung

Antwort des **Du**:
KLAGE

➤ ROT/BLUT als Symbole für LEIDENSCHAFT und TOD

Lösungshinweise zu ARBEITSBLATT 12a (➤ S. 99)

JAKOB VAN HODDIS

Weltende

Metrum: jambischer Fünfheber (mit einer Inversion V. 3)

a Dem Bürger fliegt vom spitzen Kopf der Hut.
b In allen Lüften hallt es wie Geschrei.
b Dachdecker stürzen ab und gehn entzwei
a Und an den Küsten – liest man – steigt die Flut.

c Der Sturm ist da, die wilden Meere hupfen
d An Land, um dicke Dämme zu zerdrücken.
c Die meisten Menschen haben einen Schnupfen.
d Die Eisenbahnen fallen von den Brücken.

- Kontrast: harmlos / komisch vs. Katastrophen
- Kein lyrisches Ich, Degradierung zum Objekt ➤ Ich-Dissoziation

Zeilenstil, Ausnahme V. 5 f.: Enjambement; Alliteration ›d‹

Abweichungen von der Handschrift: Text V. 4, Satzzeichen

Reclams großes Buch der deutschen Gedichte. Vom Mittelalter bis ins 21. Jahrhundert. Ausgew. und hrsg. von Heinrich Detering. Stuttgart: Reclam, 2007. S. 529.

Lösungshinweise zu ARBEITSBLATT 13 (➤ S. 106 f.)

LUTZ SEILER

fin de siècle

ich ging im schnee | mit den nervösen
nachkriegs␣peitschen␣lampen im genick |
über die wiener mozart␣brücke | dort
hockte noch an einem strick ein müder
irish setter | er

war tot und wartete auf mich | das
heisst | ich band den strick
vom sockel des geländers | und begann
das tier ein wenig hin & her
zu schwenken | *haut & knochen* | *leichtes*
glocken␣läuten | *schnee␣gestöber*
setzte ein | ich sang

ein kleines lied über die donau hin
& z'rück | (ich war ein kind) | der tote
setter kreist jetzt an meinem
rechten arm über die schöne
balustrade | er rotierte
leicht & gross in das nervöse
nachkriegs␣lampen␣licht | ein riss
am hals vertiefte sich | ein pfeifen

kam in gang | und seine steifen
augen␣schalen klappten
müde auf & zu: | du

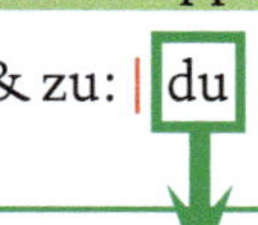

hättest die mechanik dieses blicks geliebt |
und wärst noch einsamer gewesen |
über dem schnee, der brücke & dem alten lied

Lutz Seiler: pech & blende. Gedichte. Frankfurt a. M.: Suhrkamp, 2000. S. 15.

Vorschläge für die Satz-/Sinnstrukturierung:

- | = starke Sinngrenze (Punkt)
- | = schwächere Sinngrenze (Komma)
- ␣ = zusammengesetzte Wörter

»ich«:

- in Bewegung (»ging«)
- getrieben (»im genick«)

»irish setter«:

- Intensivierung der Bewegung von ›hocken‹ bis ›rotieren‹, Bewegung kreisförmig ➤ kein Fortschritt
- Ergebnis: Destruktion (»riss am hals« + scheinbare Vitalität (»pfeifen«, »augen schalen klappten […] auf & zu« = Simulation von Lebendigkeit (»mechanik dieses blicks«)

»fin de siècle«-Signalwörter:

- ›nervös‹, ›müde‹ (jeweils zweimal)

»du«:

- ambivalente Reaktion: ›lieben‹ und ›vereinsamen‹

An der Schwelle zur Moderne antworteten um 1900 die unterschiedlichsten Kunstströmungen auf die Herausforderungen einer sich dramatisch verändernden Welt: Impressionismus, Symbolismus, Fin de Siècle und Neoromantik. Dieser Band bietet einen repräsentativen Überblick über die Lyrik der Zeit, geordnet nach den prägenden Themen dieser Epoche:

- Traum und Wirklichkeit
- Fortschrittsoptimismus und Untergangsgefühle
- Ich-Krise und Sprachskepsis
- Tanz und Rausch
- Erotik und weibliches (Auf-)Begehren

50 Gedichte um 1900
Naturalismus – Fin de Siècle – Frühexpressionismus

Hrsg. von Gabriele Sander
222 S.
UB 14365
€ (D) 6,40 / € (A) 6,60
ISBN 978-3-15-014365-0
WG 2151
Erscheint im Mai 2023
ISBN 978-3-15-014365-0

LITERATUR UM 1900

Kurzprosa um 1900

Reclam

»Das Leben ist zu kurz für lange Literatur«, erklärte der Schriftsteller Alfred Polgar einst. Gegen Ende des 19. Jahrhunderts stieg die Produktion kurzer Prosa tatsächlich auf ein bis dahin unbekanntes Maß an und erreichte nach 1900 einen Höhepunkt. Die Textsammlung präsentiert eine ebenso unterhaltsame wie repräsentative Auswahl von Prosagedichten, Novelletten und anderen Formen wie z. B. einem ›Drei-Minuten-Roman‹, die man als Essenz der Kunst verstand und daher enthusiastisch und kunstvoll betrieb. Mit Anmerkungen und einem Nachwort, das in Textformen und Strömungen einführt.

Kurzprosa um 1900
Hrsg. von Michael Scheffel
200 S.
UB 14366
€ (D) 6,40 / € (A) 6,60
ISBN 978-3-15-014366-7
WG 2115
Erscheint im Sommer 2023
Auch als E-Book

ISBN 978-3-15-014366-7

Michael Scheffel, geb. 1958, ist Professor für Neuere deutsche Literaturgeschichte und Allgemeine Literaturwissenschaft an der Bergischen Universität Wuppertal.

Weitere Informationen zu Titeln und Reihen für Schule und Universität:
www.reclam.de/schule_und_studium